Miriam Emme · Daniela Friedl

Regionale Winterküche

soja- und weizenfrei, vegan

Regionale Winterküche

Saisonale & regionale Lebensmittel in der kalten Jahreszeit — 6

Regional und saisonal durch die kalte Zeit — 8
Von A wie Apfel bis Z wie Zwiebel

Frische Salate und deftige Suppen — 36

Warmer Pilzsalat — 39
Kürbiscapuccino mit Curry und Haferschaum — 41
Wintersalat mit Sprossen & warmen Kartoffeldressing — 43
Süßer Rotkohlsalat — 43
Grünkohlsuppe — 45
Rote-Bete-Eintopf — 47
Süßer Feldsalat mit Meerrettichdressing — 49
Linsen-Kürbis-Eintopf — 51
Orangen-Rotkohl-Salat — 53

Herzerwärmende Hauptgerichte — 54

Kartoffel-Pastinaken-Fladen — 56
Schupfnudeln — 58
Fenchel-Sauerkraut-Taschen — 60
Buntes Ofengemüse — 62
Zwiebelblumen mit Mandelpanade — 64
Wirsingknödel — 66
Selleriepuffer — 66
Gefülltes Kraut — 68
Kürbisburger — 70
Rosenkohl mit Maroni — 72
Krautschnecken — 74
Flammkuchen mit Rotkohl und Walnüssen — 76
Wirsing auf Kartoffelschaum mit Rote-Bete-Würfeln — 78
Pikante Fenchelweckerl — 80
Süßer Pastinakenreis — 82
Vanillemöhren — 82
Winterbrot — 84
Kartoffelknödel — 84
Sauerkrautstrudel — 86
Zwiebel-Lauch-Muffins — 88
Ausgebackene Schwarzwurzeln — 90
Paprikakraut — 92
Sellerieschnitzel mit Petersilienkartoffeln — 92
Zwiebel-Stockbrot — 94
Süßes Stockbrot — 94
Wirsingnudeln — 96

Süßes zum Dahinschmelzen 98

Birnen-Schokoladen-Muffins	100
Apfel-Hirse-Auflauf	102
Wintermüsli mit Birnen-Pflaumen-Mus	104
Lebkuchen	106
Cranberrygelee mit Vanillecreme	108
Mini-Chai-Napfkuchen	110
Hefestuten mit Birnenkompott	112
Maronitartelettes	114
Kürbiscreme mit Apfel	116
Cranberrymuffins	116
Mandarinen-Quark-Tarte	118
Apfelbrot	120
Birnen-Gewürz-Strudel	122
Walnusskuchen	124
Dattel-Haselnuss-Cake-Pops	126
Maronenschnitten	126
Saftiger Kürbiskuchen	128
Süße Mandelzöpfe	130
Maronibrownies	132
Apfel-Nuss-Küchlein	134

Verpackt, versteckt, verschenkt 136

Cranberrykekse	139
Zwiebelchutney	141
Walnuss-Zwiebel-Aufstrich	141
Lebkuchengewürz	143
Spekulatiusgewürz	143
Grissini	145
Apfelschmalz mit Kräutern	147
Cranberryaufstrich	149
Rote-Bete-Meerrettich-Aufstrich	149
Birnen-Zwiebel-Schmalz	151
Schmalz mit Aprikosen und Pflaumen	151
Hagebuttenketchup	153

Service

Rezepte schnell finden	154
Rund ums Kochen: Infos zu Rezepten, Lebensmitteln und zum Einkauf	156
Über die Autorinnen	158
Zum Weiterlesen	159

Es wird Winter...

*N*ebelschwaden ziehen übers Land, nisten sich zwischen Hecken und vertrockneten Gräsern ein und kriechen mit langen Fingern die Flusstäler entlang. Es ist nicht mehr zu leugnen: Es wird Winter. Nicht mehr lange, und die Welt wird mit einem weißen, dichten Samttuch bedeckt sein ... ❄

Und plötzlich ist er da: der erste Schnee. Es knirscht und glitzert bei jedem Schritt, der Winter ist gekommen – wie wunderbar! Noch genauso spannend wie in Kindertagen ist es zu sehen, wo die Hasen gespielt haben, wo Raben auf der Suche nach Futter waren und wo Eichhörnchen emsig ihre Vorräte geplündert haben. Die Spuren der Tiere sind dank der samtigen Schneedecke nun auch für uns sichtbar.

Die kalte, klare Luft und die wundervolle Stille machen feinfühlig für die kleinen Schönheiten der Winterwelt: die winzigen Eiszapfen, die sich um die Barthaare der Pferde bilden, die glänzenden Schneeflocken im Abendlicht, das wundervolle Geräusch der Schlittenkufen, ... ❄

Mit roten Bäckchen und eiskalten Fingern kommen wir ins Haus zurück, hüllen uns in eine Decke und genießen vor dem Ofen eine heiße Schokolade. Wenn es draußen unbehaglich und dunkel wird, beschert uns der Duft von Maroni, Zimt und Vanille ein vertrautes Gefühl von Geborgenheit, Wärme und Schutz.

*D*ie gemütlichste Zeit des Jahres ist gekommen. Zu Hause breitet sich vor dem Kaminfeuer behagliche Wärme aus, dampfende Tassen mit heißem Teepunsch warten mit süßem Aroma auf und köstliche Bratäpfel knistern im Ofen. Mittags wärmen herzhafte Eintöpfe unsere Seele und zur Wintersonnenwende entzünden wir die Feuer und rösten knuspriges Stockbrot. ❄

Wir laden Sie zu einem Winterpicknick mit Schlitten im Schnee ein, zu Paprikakraut und Fenchel-Sauerkraut-Taschen, wir servieren deftigen Rote-Bete-Eintopf mit selbstgebackenem Brot und wärmen kalte Finger mit würzigem Apfelpunsch. Alle unsere Rezepte sind vegan, weizen- und sojafrei, saisonal orientiert mit regionalen Hauptzutaten aus heimischen Gärten. ❄

Die Kombination heimischer Zutaten und wärmender Gewürzen aus aller Herren Länder macht die Besonderheit der Rezepte dieses Buch aus. Abgerundet werden unsere Lieblingsrezepte durch wertvolles Hintergrundwissen zu den verwendeten Lebensmitteln, viele Tipps und stimmungsvolle Bilder. ❄

Wir wünschen Ihnen viel Freude beim Lesen, Nachkochen und Träumen!

Ihre *Miriam Emme* und *Daniela Friedl*

Saisonale & regionale

Lebensmittel

in der kalten Jahreszeit

Regional und saisonal durch die kalte Zeit

In unseren Supermärkten herrscht ein nie enden wollender Sommer: Es gibt Himbeeren im November, Erdbeeren zu Weihnachten und Trauben am Frühlingsanfang. Tomaten leuchten uns das ganze Jahr aus den Auslagen entgegen. In Zeiten der Globalisierung ist dies alles möglich, denn irgendwo ist ja immer Sommer. Und ist gerade mal kein Sommer, dann leuchten Tausende kleiner Sonnen in den Treibhauswelten. Dort wachsen „sonnenverwöhnte" Tomaten, die die Sonne entweder nur durch Glasscheiben oder gar nicht gesehen haben.

Doch der Geschmack des makellos aussehenden Obsts und Gemüses enttäuscht oftmals. Viele Früchte müssen unreif geerntet werden, damit sie die lange Reise aus fernen Ländern ohne faulige Stellen überstehen. Andere wachsen in endlosen Gewächshäusern in Nährlösungen, ohne Sonne, ohne Erde. Oder sie fristen ihr komplettes Leben unter Plastikfolie.
Wenn man sich diese schöne neue Welt einmal genauer ansieht, dann wird schnell klar: Eigentlich wollen wir dieses Frankenstein-Szenario gar nicht. Wir wollen richtige Erdbeeren, frisch gepflückt, in Ruhe gereift und ohne Pestizide, dafür aber mit viel Aroma. Dazu müssen wir uns allerdings eingestehen: Erdbeeren gehören in den Sommer und nicht unter den Weihnachtsbaum.

Essen wir also Obst und Gemüse am besten in der Jahreszeit, in der sie bei uns zuhause reif sind. Trotzdem müssen wir auch im Winter nicht auf Genuss und Abwechslung verzichten: Die kalte Jahreszeit bietet wunderbare kulinarische Alternativen. Aus Äpfeln und Birnen kann man köstliche Desserts zaubern. Gerade Äpfel lassen sich bestens lagern und können so den ganzen Winter genossen werden. Gemüse gibt es in Hülle und Fülle. Kohlgemüse, Rote Bete und Maronen haben Saison und kommen frisch vom Feld auf den Markt. Sie hatten unter Sonne und an frischer Luft Zeit zu reifen und wurden zum optimalen Zeitpunkt geerntet. Regionale Produkte sind gesünder, da sie beim Transport weniger Nährstoffe und Qualität einbüßen als ihre weit gereisten Verwandten.

Entscheiden wir uns für regionales Obst und Gemüse, machen wir einen wichtigen Schritt in Richtung ökologisches Bewusstsein. Kürzere Transportwege schonen Umwelt und Ressourcen. Nebenbei stärken wir die regionale Wirtschaft und bringen spielend leicht Abwechslung auf den Tisch: Denn wenn wir uns im Einklang mit den Jahreszeiten ernähren, wechselt unser Speiseplan automatisch je nach saisonalem Angebot. Auf Bauernmärkten kann man alte, fast vergessene Gemüsesorten wie z. B. Schwarzwurzeln finden und somit neue, leckere Gerichte entdecken. Vom Erzeuger bekommt man wertvolle Tipps zur Lagerung und Zubereitung, man kommt ins Gespräch und lernt sich persönlich kennen. So steigt auf Seiten des Käufers das Vertrauen in die Qualität der Produkte und seitens des Erzeugers nimmt gewissenhaftes Arbeiten zu, denn er kennt seine Kunden und möchte sie nicht enttäuschen.

Wichtig finden wir jedoch, dass man nicht dogmatisch wird, denn durch Verbote wird selbst der positivste Gedanke irgendwann schal. Unsere Ernährung ist eine sehr intime und persönliche Sache, bei der die sinnlichen Komponenten wichtig sind. Von Bedeutung ist, sich mit der Thematik zu beschäftigen und sich bewusst zu werden, dass unsere Kaufentscheidungen Wirkung zeigen. Der Großteil unseres Einkaufszettels sollte regional und saisonal orientiert sein – aber es darf durchaus auch mal eine Kokosmilch im Einkaufswagen landen.

Apfel

Äpfel sind in unseren Breiten das beliebteste heimische Obst. Allerorts sieht man jemanden genussvoll in einen saftigen Apfel beißen, zu Kartoffelpuffern gehört einfach Apfelmus und der Kaffeetisch im Herbst ist ohne Apfelkuchen nahezu undenkbar.

Äpfel waren wahrscheinlich die wichtigste Frucht bei den Völkern, die nördlich der Alpen lebten. Sie wurden als heilig und kostbar angesehen und selbst die germanischen Götter brauchten die goldenen Äpfel der Idun, die Göttin der Jugend und des ewigen Lebens, um gesund, jung und unsterblich zu bleiben. Der Apfel ist Gegenstand vieler Überlieferungen, die bekanntesten sind wahrscheinlich die Äpfel aus dem biblischen Garten Eden und die goldenen Äpfel der Hesperiden. In vielen alten Weihnachtsgeschichten wurden den Kindern „Apfel, Nuss und Mandelkern" als Gabe unter den Weihnachtsbaum gelegt, was den Wert der Äpfel unterstreicht.

Und das zu Recht: Äpfel sind kleine Gesundheitsgenies. Wertvolle Mineralstoffe wie Eisen, Magnesium, Phosphor und Kalzium bringen sie mit sich und ihr hoher Gehalt an Ballaststoffen, Polyphenolen und Flavonoiden hilft dem Körper, sich von Stoffwechselgiften zu befreien. Isst man die Herbstfrüchte regelmäßig, wird das Immunsystem gestärkt und das Risiko einer Erkrankung an Herz und Gefäßen sinkt. Das in ihnen vorkommende Pektin soll den Cholesterinspiegel senken, Schadstoffe binden und ausschwemmen.

Schale und Kern sind übrigens viel zu schade, um in den Kompost zu wandern. In der Apfelschale und direkt darunter sitzen 70 Prozent der gesamten Vitamine des Apfels. Müssen Äpfel doch mal geschält werden, kann man die Schale behutsam im Backofen (bei 50 °C, die Backofentür mithilfe eines Kochlöffels einen Spalt geöffnet) oder im Dörrgerät trocknen. Nach dem Trocknen kann man sie in kleine Stückchen brechen und direkt vernaschen oder als Tee mit heißem Wasser aufgießen. Köstlich sind auch Apfelscheiben, an einer Schnur oder auf dem Dörrgerät getrocknet, gern verfeinert mit Zimt, Kardamom oder Lebkuchengewürz. Auch die Apfelkerne dürfen übrigens mitgegessen werden. Sie enthalten das seltene Vitamin B_{17}.

Je nach Sorte lassen sich Äpfel vorzüglich lagern. Im kühlen Keller auf einer Holzstiege, am besten auf Zeitungspapier oder darin eingewickelt, halten sie sich monatelang. Es dürfen allerdings nur tadellose Äpfel eingelagert werden, die keine fauligen oder schimmeligen Stellen aufweisen.

> *Wertvolle Mineralstoffe wie Eisen, Magnesium, Phosphor und Kalzium bringen sie mit sich und ihr hoher Gehalt an Ballaststoffen, Polyphenolen und Flavonoiden hilft dem Körper, sich von Stoffwechselgiften zu befreien.*

Birne

Die Birne ist ein altes Kulturobst und wird schon seit etwa 3.000 v. Chr. kultiviert. Die süße Frucht enthält weniger Fruchtsäure als der Apfel und ist daher für viele Menschen verträglicher. Die meisten Vitamine sitzen auch bei der Birne dicht unter der Schale, die man daher möglichst mitessen sollte.

Birnen sind ein ungemein saftiges Obst und versorgen uns mit reichlich Flüssigkeit. Sie wirken auf vielfältige Weise positiv auf unseren Körper: Sie kurbeln die Arbeit von Blase und Niere an, ihre Spurenelemente Kupfer und Phosphor halten das Gehirn fit und ihr hoher Anteil an Mineralstoffen wirkt sich positiv auf erhöhten Blutdruck aus. Der beachtliche Gehalt an Folsäure macht die Frucht wertvoll für werdende Mütter und ist wichtig für Herz und Kreislauf. Außerdem spielt Folsäure beim Aufbau von Glückshormonen eine entscheidende Rolle. Birnen sind zudem eine ausgezeichnete Hilfe bei Verstopfung, was ihrem hohen Anteil an Ballaststoffen zu verdanken ist. Die enthaltenen Pflanzenstoffe sollen sogar vorbeugend gegen Magenkrebs wirken.

Einen Nachteil haben Birnen leider: Sie lassen sich sehr schlecht lagern. Schnell verlieren sie ihre Vitalstoffe, werden matschig und schimmeln. Daher sollten sie möglichst frisch verzehrt werden. Da Birnen nicht nachreifen, schmecken nur vollreif geerntete Früchte süß und verursachen keine Magen- und Darmprobleme.

Preiselbeere und Cranberry

Beide gehören zur Familie der Heidekrautgewächse, die amerikanische Cranberry ist jedoch fast doppelt so groß wie die heimische Preiselbeere. Erstere wird mittlerweile auch wieder in Europa, vorwiegend in Lettland, angebaut und mittels Flutung der Felder geerntet, da die leichte Beere auf dem Wasser schwimmt. Die Ernte der wild wachsenden Preiselbeere ist meist sehr aufwendig und mühsam, da sie gerne in 3.000 Metern Höhe auf feuchtem, saurem Boden, oft in naher Nachbarschaft zur Heidelbeere, wächst. Frisch wird sie selten angeboten, so bleibt nur die Wildsammlung oder der Griff zu fertigen Marmeladen, Gelees oder Kompotten. Da die Beeren Benzoe- und Salizylsäure enthalten, kann auf Konservierungsstoffe gänzlich verzichtet werden. Cranberrys bekommt man oft getrocknet.

Der Eisengehalt der Preiselbeere fördert die Blutbildung und in der Naturheilkunde wird ihr vor allem eine harntreibende Wirkung sowie Linderung bei Blasenentzündungen zugesprochen, was durch wissenschaftliche Studien belegt werden konnte. Auch bei Zahnfleisch- und Mundschleimhautentzündungen wird sie gerne verwendet. Zudem empfahl Hildegard von Bingen die blutrote Beere bereits im 12. Jahrhundert bei Menstruationsbeschwerden. Ein Tee aus den Blättern der Preiselbeere soll Erleichterung bei Gicht und Rheuma verschaffen, größere Mengen können jedoch leichte Vergiftungserscheinungen hervorrufen. Die nordamerikanischen Ureinwohner nutzten die verwandte Cranberry zur Wunderversorgung. Beide Beeren schützen durch ihren hohen Anteil an Antioxidantien vor vorzeitiger Alterung.

Roh sind Preiselbeeren und Cranberrys nicht genießbar da sie sehr herb und bitter schmecken, erst gekocht entfalten sie ihren säuerlich-süßen Geschmack.

Hagebutte

Laut der griechischen Mythologie verdankt die wilde Heckenrose ihre Schönheit Aphrodite – der Göttin der Liebe. Sie wird aber auch der nordischen Ehe- und Liebesgöttin Freya zugeordnet und hat allgemein für Frauen eine große Bedeutung. So beteten Frauen in Vollmondnächten bei Heckenrosen um Kindersegen und die Märchenfigur Dornröschen wurde von einer Heckenrose so lange beschützt, bis ihr wahrer Traummann sie erlösen konnte. Bei Blasen- und Harnwegsinfektionen, welche besonders Frauen zu schaffen machen, verspricht ihre rote Frucht, welche problemlos den kalten Winter überdauert, Linderung. Aufgrund ihrer Beständigkeit wird die Hagebutte auch als Symbol für ein Leben nach dem Tod angesehen.

Nach dem ersten Frost schmeckt die Vitamin-C-Bombe besonders süß und hilft, unser Immunsystem zu stärken. Sie spendet außerdem reichlich Kalium, Magnesium, Kalzium, Phosphor und Vitamin A sowie Mangan, Kupfer, Zink und B-Vitamine. Die beste Wirkung hat der Tee, wenn er aus der ganzen Frucht gewonnen wird. Doch auch Hagebuttenkonfitüre oder -mus sind in der kalten Jahreszeit ein wahrer Genuss für Auge und Gaumen. Wer an Rheuma oder Arthrose leidet, profitiert von Hagebutten ganz besonders, denn der sekundäre Pflanzenstoff Galaktolipid lindert Entzündungen und sorgt für mehr Beweglichkeit. Bereits im Jahre 2004 untersuchte eine Forschergruppe an der Universität Kopenhagen 112 Arthrosepatienten. Nach einer dreimonatigen Einnahme von täglich 5 g Hagebuttenpulver zeigten 66 Prozent der Teilnehmer eine deutliche Besserung von Schmerzen und Morgensteifigkeit.

Um wirksam gegen Arthrose zu helfen, reicht die Konzentration in Tees und Marmeladen jedoch nicht aus, zudem ist das antientzündliche Wirkprinzip, welches schon von Hippokrates gelobt wurde, fettlöslich. Und über die gemahlene Hagebutte kann man, im Gegensatz zum Tee, ein wenig des in der Frucht enthaltenen Fetts aufnehmen.

Wacholder

Wacholder ist eine der wichtigsten von unseren Ahnen überlieferte Heilpflanzen. Der im Volksmund gebräuchliche Spruch „Vorm Holler sollst du den Hut ziehen, vorm Wacholder niederknien" kommt nicht von ungefähr: Ob bei Rheuma, Blasenschwäche, bei nervöser Unruhe, Ekzemen oder Blasenentzündung – überall findet Wacholder Verwendung.

Viele Geschichten ranken sich um die mystische Pflanze. Beispielsweise erzählte man, dass im Wacholderbusch Kobolde leben, die Menschen bei Krankheit und Not unterstützen. Seine magischen Zweige sollen den Teufel abwehren und wurden deshalb besonders im Salzburger Land gerne am Hut getragen. Der Name Wacholderbeere ist übrigens irreführend, denn botanisch gesehen handelt es sich dabei um kleine Zapfen. Frostigen Wintern halten sie ebenso wie heißer Dürre im Sommer problemlos stand, lediglich genug Licht muss vorhanden sein. Daher gedeiht der Strauch am besten ohne direkte Nachbarn auf sogenannten Wacholderheiden.

In der Küche verströmt die Wachholderbeere einen Hauch von Tannennadelduft, sie muss dafür jedoch lange genug mitgekocht werden. Wer das Aroma intensivieren möchte, zerdrückt eine kleine Menge der Zapfen mit einer Gabel oder mahlt sie in der Pfeffermühle. Deftige Speisen, welche sich besonders in den kalten Monaten größter Beliebtheit erfreuen, werden durch die Zugabe von Wacholderbeeren bekömmlicher.

Kartoffel

Kartoffeln, auch Erdäpfel oder Grundbirnen genannt, gehören für viele Menschen zu den Grundnahrungsmitteln. Sie zeichnen sich durch einen angenehmen Geschmack aus und lassen sich unkompliziert und sehr vielseitig in der Küche verwenden. Für das Gelingen der Rezepte sollte man die passende Sorte wählen, denn Eigenschaften wie festkochend oder mehlig kochend tragen zum Gelingen eines Rezeptes bei. Die Kartoffel wird nie roh, sondern immer gekocht, bzw. gebraten verzehrt, denn die in ihr enthaltene Stärke wird für uns erst durch Erhitzen verdaulich gemacht. Den schlechten Ruf als dickmachende, vitalstoffarme Knolle, den die Kartoffel in den letzten Jahren bekommen hat, ist wahrscheinlich auf die veränderte Art der Zubereitung zurückzuführen.

Frittieren in viel ungesundem Fett oder das Servieren mit Dips aus fettem Quark macht aus der relativ kalorienarmen Knolle einen Dickmacher. Zwar hat sie einen hohen glykämischen Index und beeinflusst somit den Blutzuckerspiegel, doch ist sie reich an wertvollen Inhaltsstoffen. Frische Kartoffeln bestehen zu etwa 77 Prozent aus Wasser und sind daher auch für eine kalorienbewusste Ernährung geeignet. Sie enthalten essentielle Fettsäuren und wertvolle Mineralien wie z. B. Eisen, Phosphor, Kalium, Kalzium und Magnesium. Weitere Inhaltsstoffe sind Ballaststoffe und verschiedene Vitamine. Besonders lilafarbene Kartoffeln haben außerdem einen hohen Gehalt an Carotinoiden. Neueste Studien weisen sogar darauf hin, dass sie den Blutdruck senken können.

Früher war die Lagerung von Kartoffeln kein Problem. Nach der Ernte wurden sie in den guten alten Kartoffelkeller gebracht. Leider verfügen die wenigstens noch über solch einen Vorratskeller. Alternativ können die Knollen in einer dunklen Speisekammer gelagert werden, am besten in einer Kartoffelkiste, bitte niemals luftdicht. Warme und helle Räume mag die Kartoffel gar nicht, sie liegt gern dunkel und kühl, trocken und luftig bei 4 bis 12 °C. Unter Einfluss von Licht vergrünt sie schnell und bildet das giftige Solanin.

Kürbis

Kürbisse sind die größten Beeren der Welt – wie bei der Tomatenpflanze und der Zucchini besteht ihr Fruchtfleisch aus vielsamigen Beeren. Vor der Ernte macht man am besten einen Klopftest: Hört sich der Kürbis dumpf und hohl an, kann er geerntet werden. An einem dunklen und kühlen Ort warten die Kürbisse dann gerne mehrere Monate, bis der Tag der Zubereitung gekommen ist. Zu den gut lagerfähigen Sorten gehören z. B. der Riesenkürbis, der auch zum Schnitzen von Halloweenlaternen verwendet wird, der Turban-, der Hubbard- und der Hokkaidokürbis. Winterkürbisse sind wertvolle Lieferanten von Beta-Carotin, Mangan, Kalium und Vitamin C, Fol- und Kieselsäure. Die Carotinoide verraten sich meist durch die oft leuchtend orange Farbe des Kürbisses. Sie schützen den Körper vor den Schäden freier Radikaler und sind ein wirksames Antioxidans. Auch die enthaltenen Polysaccharide sollen antioxidative und zellschützende Eigenschaften besitzen und im Zusammenspiel mit anderen Inhaltsstoffen den Blutzuckerspiegel senken. Der hohe Kaliumgehalt hat neben seinem positiven Einfluss auf Blutdruck und Herzrhythmus eine stark harntreibende Wirkung und regt so den Stoffwechsel an, was gleichzeitig die Entgiftung des Körpers unterstützt.

Kürbisse gelten als sehr bekömmlich und eigenen sich als Schonkost, auch für Kinder. Ihr niedriger Kaloriengehalt macht sie außerdem für viele Abnehmwillige verlockend.

Möhre

Sonntags gab es bei der einen Oma als Beilage immer Wurzeln, bei der anderen Mohrrüben, bei der Tante Rübli – alle Begriffe bezeichnen das gleiche Gemüse: die verdickte Wurzel der Möhren- oder Karottenpflanze. Sie schmeckt gekocht leicht süßlich, was sie besonders bei Kindern sehr beliebt macht. Ihrem hohen Anteil an Beta-Carotin verdankt die Möhre ihre leuchtend orange Farbe und ihren gesundheitlichen Wert. Selbst beim Kochen sinkt der Gehalt an diesem Inhaltsstoff nur wenig.

Beta-Carotin wird bei einem ausgeglichenen Säure-Basen-Haushalt in Vitamin A umgewandelt. Dieses Vitamin unterstützt die Sehkraft und das Immunsystem, wirkt sich positiv auf unsere Haut aus und beugt Magenleiden vor. Weitere wertvolle Inhaltsstoffe sind Eisen, Kalium und Kalzium. Da Möhren einen hohen Ballaststoffanteil haben, unterstützen sie eine geregelte Verdauung. Dieser ist übrigens bei den reifen, im September geernteten Wurzeln höher als bei den zarten Frühjahrsmöhrchen. Möhren eignen sich wunderbar für die Lagerung und sind daher ein nahezu perfektes Wintergemüse.

In einer Sandkiste im kühlen Keller bleiben sie viele Wochen frisch und knackig: Man schichtet die Möhren ohne Grün einfach zusammen mit Sand in eine Kiste ein, wobei darauf geachtet werden muss, dass sie komplett bedeckt sind. Der Sand sollte leicht feucht, aber auf keinen Fall nass sein. Möglicherweise treiben die Möhren nach ein paar Wochen wieder Kraut aus. Das ist aber kein Hinweis darauf, dass sie weniger frisch sind.

Pastinake

Die süße, nussige Pastinake zählte bis Mitte des 18. Jahrhunderts in unseren Breiten zu den Grundnahrungsmitteln. In letzter Zeit wurde das Wurzelgemüse in der Küche „wiederentdeckt" – ob als Suppe, als Püree, gebacken oder gekocht: Es lässt sich vielfältig verwenden. Die ab Oktober geerntete Wurzel ist süß, zart und dennoch würzig. Im eigenen Beet lässt sie sich den ganzen Winter über ernten. Bezüglich der Nährwerte übertrifft sie die verwandte Möhre um Längen, denn ihr Gehalt an Vitamin C, Kalium und Proteinen ist vier Mal so hoch! Besonders erwähnenswert ist auch der hohe Anteil an Zink und Folsäure.

Pastinaken sollten wie Möhren am besten in einem kühlen Raum in einer Sandkiste gelagert werden. Alternativ kann man sie in einem feuchten Tuch im Kühlschrank aufbewahren. Nach und nach verlieren sie beim Lagern an Süße.

Rote Bete

Die Rote Bete gehört zur Familie der Gänsefußgewächse. Kultiviert wurde sie bereits von den alten Griechen, Ägyptern und Römern und galt als Gemüse-, Färbe- und Heilpflanze. In Deutschland wurde sie zum ersten Mal im 13. Jahrhundert erwähnt. Da die Bauern die Wurzel nur am Feldrand anpflanzten, wurde sie in der Schweiz als „Rande" bezeichnet. Die harntreibende, fiebersenkende Rote Bete stärkt die Abwehr und wirkt sich aufgrund ihres roten Farbstoffes positiv auf die Zellatmung aus. Der hohe Gehalt an Vitamin B, Kalium, Phosphor, Magnesium und Eisen macht sie zu einem der wertvollsten Wintergemüse. Besonders bei der Blutbildung wirkt sie unterstützend.

Schon Hippokrates setzte den Saft der roten Bete zur Wundheilung und gegen Hautentzündungen ein. Nicht erschrecken: Der Urin färbt sich nach ihrem Verzehr rot!

Schwarzwurzel

Schwarzwurzeln sind auch als Winterspargel bekannt und werden auf den Märkten von Oktober bis April angeboten. Ihren Ursprung haben sie in Spanien, wurden dann von den Arabern als Heilpflanze erkannt und angebaut. Geschmacklich sind Schwarzwurzeln etwas milder als Spargel und schmecken leicht nussig bis würzig. Der dunkle „Winterspargel" weist einen hohen Nährstoffanteil auf, besonders hoch ist sein Inulin-Gehalt. Inulin, ein löslicher Ballaststoff, wirkt sich positiv auf die Darmflora und die Fettverdauung aus. Trotz hohem Ballaststoffgehalt ist die Schwarzwurzel jedoch kalorienarm (pro 100 g nur 17 Kalorien). Weitere Inhaltsstoffe sind die Vitamine B, C, E und Folsäure und an Mineralien sind Phosphor, Eisen, Kalzium und Kalium zu erwähnen. Der hohe Kaliumgehalt wirkt entwässernd.

Beim Einkauf sollte man nicht die dünnsten Stangen wählen, denn beim Schälen kann viel Abfall entstehen. Dabei sind Handschuhe zu empfehlen, da der austretende Pflanzensaft stark färbt. Nach dem Schälen sollte man die Wurzel sofort in eine Schüssel mit Essig- oder Zitronenwasser geben, damit sie sich nicht wieder dunkel färbt. Möchte man sie erst nach dem Kochen schälen, werden die gewaschenen Stangen in Essig-Kümmel-Wasser etwa 25 Minuten lang gekocht. Danach lässt sich die Schale leicht abziehen.

Wenn sie nicht hungrigen Nagern zum Opfer fallen, können Schwarzwurzeln den ganzen Winter über geerntet werden. Will man sie lagern, sollte man ungewaschene Wurzeln wählen und wie Möhren in einer Sandkiste aufbewahren. So halten sie sich über vier Wochen.

Zwiebel

„Hat sieben Häute, beißt alle Leute" – vielen ist dieses Rätsel aus Kindertagen bekannt. Und es verrät gleich zwei charakteristische Eigenschaften der Zwiebel. Für ihre Schärfe sind die Schwefelverbindungen verantwortlich, die beim Zerschneiden das für uns so beißende Aroma entwickeln. Mit den Häuten der Zwiebel, vor allem den äußeren, sollten wir behutsam umgehen: Eng an der ersten essbaren Schicht befinden sich meistens ein oder zwei papierdünne Häutchen, deren mühsames Ablösen ganz schön nerven kann. Wir sollten uns aber diese Mühe machen, denn gerade in diesen äußeren Schichten, unter der Zwiebelpapierschicht, liegen unglaublich viele lebenswichtige Vitalstoffe. So gehen durch zu beherztes Abschälen über 75 Prozent der enthaltenen Anthocyane verloren, sehr potente Antioxidantien, die unsere Zellen vor Alterung und Entartung schützen. Unser scharfes Multitalent wirkt darüber hinaus appetitanregend, verdauungsfördernd, antibakteriell, schleimlösend und entzündungshemmend. So setzt man die Zwiebel zum Beispiel als Sofortmaßnahme bei einem Insektenstich ein.

Damit die Zwiebeln viele Wochen, mit Glück und sachkundiger Lagerung sogar monatelang, haltbar werden, sollte man den optimalen Erntezeitpunkt im September nicht verpassen.

Zwiebeln werden geerntet, wenn das Grün langsam anfängt, dünn zu werden. Jetzt müssen sie noch etwas nachreifen und werden bei trockener Winterung einfach auf dem Beet etwa zehn Tage liegen gelassen (alternativ an einem sonnigen, vor Regen geschützten Platz). Dadurch härtet die Schale aus und die Lagerfähigkeit wird entschieden gesteigert. An einem schattigen und trockenen Platz werden die Zwiebeln nun nachgetrocknet, danach zu Zöpfen geflochten und in luftigen Kisten gelagert. Beschädigte Zwiebeln sollten möglichst bald verwendet werden.

Kohlgewächse

Kohlgewächse sind sehr vielfältig: Grün-, Weiß, Rot- und Rosenkohl oder auch Wirsing sind für viele von uns vertraute Wintergefährten. In keiner anderen Jahreszeit schmecken sie so gut wie in der kalten. In Rouladen, als Sauerkraut oder vielfältige Gemüsebeilage zeigt sich der Kohl als wahrer Verwandlungskünstler. Zu oft wird er leider mit schwerer und fettreicher Kost in Verbindung gebracht. Dabei ist er eine feine Nährstoffbombe und enthält viele Mineralstoffe, Vitamine und sekundäre Pflanzeninhaltsstoffe – und hat dabei einen geringen Kaloriengehalt. Gegen den unbeliebten Kohlgeruch, der unweigerlich bei der Zubereitung entsteht, helfen ein paar einfache Mittel: Abgemildert wird er, wenn man den Kohl mit einem Schuss Essig oder etwas Kümmel kocht. Genauso wirksam ist ein Lorbeerblatt im Garwasser von Blumenkohl. Ist es jedoch bereits passiert, kocht man Essigwasser auf, lässt es eine halbe Stunde stehen, gießt es ab und lüftet anschließend.

Verträglicher werden Kohlgerichte wie Sauer- oder Weißkraut, wenn sie mit etwas Kümmel oder Anis zubereitet werden. Sollten doch einmal Beschwerden auftreten, helfen Teemischungen mit Kamille, Fenchel, Anis und Kümmel.

Weißkohl

Der helle Krautkopf hat einen sehr intensiven Kohlgeschmack, ein Großteil der heimischen Ernte wird zu Sauerkraut verarbeitet. Typische Gerichte mit Weißkohl sind neben Sauerkraut und Kohlrouladen auch der beliebte Krautsalat.

Grünkohl

Grünkohl ist unser heimisches Superfood. Seine einzigartige Nährstoffzusammensetzung und sein hoher Anteil an Antioxidantien machen ihn zu einem kleinen Juwel unter den Blattgemüsen. Er hat einen sehr hohen Vitamingehalt, viele Ballaststoffe und einen hohen Anteil an Chlorophyll. Grünkohl sollte entgegen der üblichen Praxis möglichst kurz gegart werden. Durch sein sehr intensives Aroma passt er bestens in Suppen oder Eintöpfe.

Wirsing

Wirsing ist selbst bei tiefen Temperaturen winterfest. Beliebt ist diese Kohlart vor allem fein aufgeschnitten als vitaminreiche Rohkost, als Gemüse oder als herzhafter Rouladenmantel.

Rotkohl

Die intensive blauviolette Farbe des Rotkohls wird durch Anthocyane gebildet, die eine antioxidative Wirkung haben und entzündungshemmend sind. Die Köpfe des Rotkohls sind kleiner als die des Weißkohls. Sein Aroma macht ihn zu einem feinen Begleiter von Äpfeln und Orangen.

Rosenkohl

Die kleinen Röschen offenbaren bei näherer Betrachtung ihr Geheimnis: Sie sind kleine Kohlköpfe in Miniaturformat. Rosenkohl wird erst seit dem 19. Jahrhundert gezüchtet und der Geburtsort der kleinen Köpfchen liegt in der Nähe von Brüssel. Der englische Name „brusselsprouts" erinnert daran.

Nüsse

Nüsse sind einfach untrennbar mit Weihnachten verbunden, sei es durch Märchen wie „Nussknacker und Mausekönig" von E. T. A. Hoffmann oder die zauberhafte Musik Tschaikowskis des darauf basierenden Balletts „Der Nussknacker". Natürlich darf der klassische Nussteller auf dem Tisch mit Haselnuss, Walnuss und Mandeln bei vielen nicht fehlen. Nüsse sind einfach die heimlichen Stars unter den Wintergenüssen. Sie stecken als Füllung in Bratäpfeln, verführen uns mit Schokolade umhüllt oder verlocken im bodenständigen Nusskuchen auf der winterlichen Kaffeetafel. Geröstete Nüsse verbreiten einen köstlichen Duft im Haus, dem man kaum widerstehen kann.

Wenn Sie Nüsse kaufen, achten sie darauf, dass es heimische sind. Importierte wurden oft gebleicht oder begast, damit sie sich leichter öffnen lassen bzw. damit sich ihr Aussehen verbessert.

Warum auch? Nüsse sind voller Vitalstoffe und zeichnen sich durch eine enorme Nähstoffdichte aus. Sie enthalten jedoch auch viel Fett, das darf man beim Genuss nicht vergessen. Allerdings ist die Fettsäurenzusammensetzung in vielen Nüssen ausgezeichnet und weist einen hohen Gehalt an einfach und mehrfach ungesättigten Fettsäuren auf. So liegt zum Beispiel bei der Walnuss ein exzellentes Omega-3- zu Omega-6-Fettsäuren-Verhältnis vor. In unserer modernen Ernährung überwiegen dagegen meist die ungünstigen Omega-6-Fettsäuren. Omega-3-Fettsäuren wirken blutverdünnend, entzündungshemmend, cholesterinsenkend und stimmungsaufhellend. Diese Nüsse sind also äußerst wohltuend für Blut, Blutgefäße und das Herz. Weitere Inhaltsstoffe sind Antioxidantien, Magnesium und Folsäure. Nüsse sind außerdem eine wertvolle Proteinquelle.

Sind Sie glücklicher Besitzer eines Walnussbaumes, können Sie die reifen Nüsse von Oktober bis November selber ernten und die verschrumpelten und schwarzen Exemplare aussortieren. Nun können die Nüsse in der Schale trocknen und luftdicht im Keller bei 10–17 °C mehrere Monate gelagert werden. Haselnüsse können meistens schon ab September gesammelt werden. Genau wie die Walnüsse sollten sie nicht gepflückt, sondern aufgelesen werden, wenn sie vom Baum bzw. Busch gefallen sind. Auch hier werden die beschädigten Nüsse aussortiert. Am besten legt man die Haselnüsse in einen Korb oder Leinensack und hängt diesen an einem gut belüfteten Ort etwa sechs Wochen zum Trocknen auf. Die Nüsse sind genau richtig, wenn der Kern im Inneren klackert.

Wintersalate

Frischer, knackiger Salat mitten im Winter und am besten direkt aus dem Beet oder vom Biobauern aus dem Nachbarort? Natürlich ist das möglich! Es gibt einige Sorten, die uns diesen Wunsch erfüllen.

Zu den Wintersalaten gehören z. B. Feldsalat und Radicchio. Bei entsprechender Aussaat lassen sich beide Sorten von Oktober bis ins Frühjahr durchgehend ernten und liefern vitaminreiche Blätter für die Küche. Feldsalat, auch Nüssli-, Rapunzel-, Acker- oder Vogerlsalat genannt, ist ein winterhartes Gewächs und verträgt Temperaturen bis minus 15 Grad unbeschadet. Seine Haupterntezeit liegt zwischen Oktober und April – er kann sogar unter dem Schnee geerntet werden. Feldsalat versorgt uns mit Vitamin C und Provitamin A, Kalium, Kalzium und vor allem Eisen. Auch Radicchio lässt sich im Winter ernten und unterstützt mit seinen Bitterstoffen unsere Verdauung. Er ist reich an Folsäure, Kalium und den Vitaminen C, B_1 und B_2. Weiterhin haben Chicorée und Endivien Saison und bieten Abwechslung in der winterlichen Salatküche.

Sprossen

In der gesundheitsbewussten Küche stehen Sprossen in hohem Ansehen. Viele Fensterbänke oder freie Flächen in der Küche werden mit keimendem Sprossen in Schalen, Gläsern oder Sprossentürmchen besetzt. Das sieht nicht nur schön aus, sondern bietet auch eine hervorragende Quelle für frische Vitamine in der kalten Jahreszeit.

Neben Kresse- oder Sojabohnensprossen gibt eine große Vielfalt weiterer Arten mit unterschiedlichen Geschmacksrichtungen und Nährstoffzusammensetzungen, die jedem Salat, Brot oder Burger den besonderen Kick verleiten. Zum einen sind Keimsaaten aus Hülsenfrüchten wie Erbsen, Linsen, Kichererbsen oder Adzukibohnen im Angebot, aber auch andere Pflanzenarten lohnen, probiert zu werden. Neben den relativ bekannten Alfalfasamen lassen sich Bockshorn, Brokkoli, Zwiebel, Lauch, Kohl, Radieschen und Senfkörner wunderbar keimen. Die kleinen Keimlinge sind wahre Nährstoffbomben. Denn die Pflanze hat nie wieder eine so hohe Nährstoffdichte wie im Keimstadium.

Sprossen enthalten viele Mineralstoffe, diverse Vitamine (z. B. Vitamin C, B_1, B_2, E und Niacin), sekundäre Pflanzenstoffe und mehrfach ungesättigte Fettsäuren. Zink, Eisen, Phosphor, Kalzium und Magnesium machen sie zu einem genialen Mineralstofflieferant. Zudem enthalten sie hochwertiges Eiweiß, aber wenig Kalorien.

Warum im Sommer nicht einmal die Keimsaaten selber ziehen? Jeder Gemüsegärtner hat sicher schon einmal erlebt, dass man die Radieschen gar nicht so schnell essen kann, wie sie anfangen zu blühen. Entspannen Sie sich das nächste Mal, wenn es wieder soweit ist, und reißen sie das Kraut nicht aus, sondern warten ab und erfreuen sich an den zauberhaften kleinen, weißen Blüten. Schon kurze Zeit später können Sie die Samen ernten und in der dunklen Jahreszeit nach dem Ansetzen frische Radieschensprossen genießen.

Maronen

Maronen oder Esskastanien sind eine wunderbare Bereicherung für die kalte Jahreszeit. Jeder hat sich wahrscheinlich schon einmal die Finger an einer heißen Tüte Maroni auf dem Weihnachtsmarkt verbrannt und wurde dann durch das köstliche Aroma entschädigt. Ebenso unvergessen ist für viele sicherlich der arme, erkältete Maronimann aus dem Kinderbuch „Die kleine Hexe" von Otfried Preußler, dem die kleine Hexe hilfsbereit den Schnupfen weghext und die dafür sorgt, dass er sich die Finger nicht ständig verbrennt.

Zum Winterhit macht die Esskastanie unter anderem ihr niedriger Fettgehalt. Ihre vielfältigen Inhaltsstoffe wie hochwertiges Eiweiß, Kohlenhydrate, jede Menge Ballaststoffe, viele Vitamine und Mineralien machen dieses kleine Multitalent fast zu einem Grundnahrungsmittel. Seine komplexen Kohlenhydrate bewirken einen hohen Sättigungsgrad und verhindern so Heißhungerattacken. Esskastanien weisen außerdem einen hohen Anteil an Kalium auf. Dieser Mineralstoff baut mit seiner basischen Wirkung überschüssiges Natrium im Körper ab und begünstigt die Ausscheidung über die Nieren. Weitere wertvolle Inhaltsstoffe sind B-Vitamine, Vitamin C und E, antioxidative Flavoniode und Kalzium. Geerntet werden Esskastanien Mitte September bis Ende Oktober. Trocken und kühl gelagert halten sich rohe, frische Maronen ein bis drei Monate.

Maronen werden nie roh verzehrt, sondern vor dem Genuss gekocht, geröstet oder im Ofen gebacken. Dabei wandelt sich die in ihnen enthaltene Stärke in Zucker um und sie bekommen ein nussig-süßes Aroma. Esskastanien schmecken sowohl herzhaft als auch süß zubereitet. Geschmacklich sehr zu empfehlen ist auch die Verwendung von Kastanienmehl, das bis zu einem Anteil von 20 Prozent normales Mehl beim Backen ersetzen kann.

Trockenobst

Getrocknete Früchte sind ein wunderbarer Snack für Zwischendurch. Unsere heimischen Früchte schmecken getrocknet nicht nur intensiver süß als frisch geerntet, sondern lassen sich so auch sehr gut konservieren. Äpfel, Birnen und Aprikosen (Marillen) können sehr gut in Scheiben geschnitten und auf eine Schnur gefädelt oder einfach im Dörrautomaten getrocknet werden. Beim Trocknen verlieren die Früchte bis zu 80 Prozent ihres Wassergehalts. Der niedrige Wasseranteil im Trockenobst verhindert auch, dass sich Schimmelpilze ausbreiten können.

Die getrockneten Früchte sind eine gute Ballaststoffquelle, vor allem Dörrpflaumen sind ein bekanntes Hausmittel gegen Verstopfung. Die im Trockenobst enthaltenen bioaktiven Phenole haben eine positive Wirkung auf unser Herz-Kreislauf-System. Trockenobst ist darüber hinaus eine sehr gute Kaliumquelle und hat wie frisches Obst einen niederen glykämischen Index. Durch das Trocknen bleiben aber auch die Kohlenhydrate in konzentrierter Form als Fruchtzucker zurück und machen die schmackhaften Dörrfrüchte zu kleinen Kalorienbomben.

Gerade in der Weihnachtszeit ist Trockenobst eine gute Alternative zu nährstoffarmen Süßigkeiten. Warum also nicht einmal getrocknete Aprikosen und Apfelscheiben mit köstlicher Reismilchschokolade überziehen und anstelle des Süßigkeitentellers anbieten?

Wildes Grün im Winter

Nicht nur selbst gezogene Sprossen liefern im Winter wertvolle Frischkost, wir können uns auch einfach mit ein bisschen Glück von einem Winterspaziergang ein kleines Vitalstoffpaket mit nach Hause bringen. Die Rede ist hier von essbaren Wildkräutern.

Natürlich ist die Hochzeit des wilden Grüns das Frühjahr und der Sommer. Aber auch im Winter gibt es einige essbare Arten, denen die weiße Pracht nicht viel ausmacht, die teilweise sogar unbekümmert weiterwachsen und nur darauf warten, von uns oder Wildtieren entdeckt zu werden.

Es lohnt sich also der Blick unter die Schneedecke (am besten haben Sie sich die entsprechende Stelle im Herbst schon gemerkt). Vogelmiere sieht so fein und zerbrechlich aus – doch trotzt sie unbeirrt dem kalten Winter. Man findet die zarte Pflanze oft im Garten, an Beeträndern und sogar im Blumentopf, im Sommer genauso wie im Winter. Die Blätter schmecken angenehm mild, leicht nussig und machen sich toll im Salat oder einfach auf dem Butterbrot.

Auch Löwenzahnblätter sind im Winter zu finden, genauso wie das bei Groß und Klein beliebte Gänseblümchen. Es blüht sogar in der kalten Jahreszeit und ist eine wahre Augenfreude auf jedem Salat. Seine kleinen Blattrosetten können ebenfalls verwendet werden. Auch Brunnenkresse kann den Winter über geerntet werden. Sie schmeckt würzig bis scharf und wächst bevorzugt an Bachläufen mit sauberem und kühlem Wasser, gerne in ganzen Nestern.

Denken Sie allerdings daran, dass für einen Vitalstoffkick schon kleine Mengen an Wildkräutern genügen. Also bitte die Bestände nicht bis auf den letzten Rest plündern und immer nur so viel pflücken, wie Sie wirklich benötigen.

> *Auch im Winter gibt es einige essbare Wildkräuter, denen die weiße Pracht nicht viel ausmacht und die teilweise unbekümmert weiterwachsen und nur darauf warten, von uns oder Wildtieren entdeckt zu werden. Aber bitte die Bestände nicht bis auf den letzten Rest plündern und immer nur so viel pflücken, wie Sie wirklich benötigen.*

Gewürze

Spätestens, wenn uns das Aroma von Lebkuchen, Glühwein oder Zimtsternen in die Nase steigt, wissen wir: Es ist Winter. Aromatisch duftende Köstlichkeiten gehören zu den kalten Monaten einfach dazu. Vielen dieser Wintergewürze ist eines gemeinsam: Sie bringen unser inneres Feuern zum Lodern, wärmen von innen und helfen gut bei Erkältungs- und Verdauungsbeschwerden.

Anis

Anis kommt mit einem süßen, lakritzartigen Aroma daher und passt gut zu Kuchen, aber auch mal zu einer würzigen Tomatensauce oder Gemüse. Da gemahlener Anis schnell sein Aroma verliert, empfiehlt es sich, ganze Samen zu kaufen und bei Bedarf im Mörser zu zerkleinern. Anis wirkt gegen Blähungen und krampflösend.

Zimt

Zimt ist das Wintergewürz schlechthin! Sein Geschmack ist leicht brennend, holzig-süß und sehr intensiv. Zimt passt zu heißen Getränken, die von innen wärmen, Kompott und Kuchen, aber auch zu Currygerichten. Er wirkt krampflösend, antibakteriell, pilz- und entzündungshemmend und senkt den Blutzuckerspiegel.

Piment

Piment, auch Nelkenpfeffer genannt, ist ein feines Weihnachtsgewürz und hat eine milde Schärfe. Es passt in Glühwein, gewürzten Tee und Weihnachtsgebäck wie Spekulatius und unterstützt das Aroma anderer Gewürze. Piment wirkt appetitanregend, vertreibt Blähungen und hilft bei Nervosität.

Nelken

Gemahlene Nelken haben ein herbes, leicht scharfes Aroma und dürfen auf keinen Fall im Pfefferkuchen fehlen. Sie machen sich auch gut in Punsch und Glühwein. Ihre ätherischen Öle wirken unter anderem schmerzstillend sowie antiseptisch und haben sogar antioxidative Wirkungen.

Kardamom

Kardamom passt wunderbar zu Äpfeln, ergibt einen feinen Würztee (einfach ein paar Samenkapseln überbrühen und nach Belieben Kräuter wie Pfefferminze dazugeben), einen tollen orientalischen Mokka und aromatisiert Reis vortrefflich. Er schmeckt zitronig, leicht harzig und hat eine weiche Schärfe. Seine Inhaltsstoffe bringen die Verdauung in Schwung, sorgen für einen frischen Atem und verhindern Blähungen.

Koriander

Koriander ist in der Naturmedizin bekannt für seine beruhigende Wirkung auf den Magen-Darm-Trakt und die Nerven. Die getrockneten Samen schmecken orangig bis zimtig und würzen Lebkuchen, Printen und Spekulatius. Koriander harmoniert außerdem gut mit Roter Bete und Kürbis. Röstet man die Körner vor dem Zerkleinern, werden Aroma und Geschmack noch intensiver.

Muskatnuss

Muskatnuss schmeckt intensiv und würzig und passt zu Kartoffel- und Gemüsegerichten. In der kalten Jahreszeit wird sie gern in Früchtebroten, Pfeffer- und Lebkuchen verarbeitet. Muskat wirkt appetitanregend, schleimlösend, entzündungswidrig und stimmungsaufhellend. Er darf aber nicht überdosiert werden, denn zu viel bedingt Schwindel, Halluzinationen und Krämpfe. Übrigens ist der Name irreführend: Bei diesem Gewürz handelt es sich um keine Nuss, sondern um den Samenkern des Muskatbaums.

Ingwer

Der aromatisch-scharfe Ingwer erfreut sich immer größerer Beliebtheit. Das liegt nicht nur an seinem angenehm zitronigen Aroma und seiner ganzjährigen Verfügbarkeit, sondern vor allem auch an seinen gesundheitlichen Vorteilen. Schon im alten Griechenland und Rom wurde der Wurzelstock der Pflanze wegen der scharfen Substanz Gingerol als Heil- und Gewürzpflanze geschätzt. Ingwer ist ein wahrer Alleskönner, sein Einsatzgebiet erstreckt sich von Migräne, Halsschmerzen, Husten und Mundgeruch über Rheuma und Muskelschmerzen bis zu Übelkeit sowie Magen-Darm-Problemen. Er wirkt zudem verdauungsfördernd, entzündungshemmend, magenstärkend, antibakteriell, durchblutungsfördernd, schmerzlindernd und krampflösend. Zusammen mit Thymian ist die scharfe Knolle eine Erste Hilfe bei einer anfliegenden Erkältung.

Verwendet wird Ingwer als Gewürz, als Tee oder als Fuss- oder Handbad. In der Winterküche ist er besonders beliebt, da er zuverlässig von innen wärmt. Aufgrund seiner Bitterstoffe, mit ihrer gallenblasen- und bauchspeicheldrüsenanregenden Wirkung, passt Ingwer sehr gut zu fetten Speisen.

Vorsicht ist nur für Schwangere, Stillende und Kinder unter sechs Jahren geboten, welche Ingwer aufgrund der Schärfe aber ohnehin meiden. Da dem Gewürz eine blutverdünnende Wirkung nachgesagt wird, sollte man auch vor geplanten Operationen auf den Verzehr verzichten. Bei empfindlichen Personen kann Ingwer mitunter Hautreizungen, allergische Reaktionen und Magenschleimhautreizungen verursachen.

Tee

Ein ausgiebiger Spaziergang an der kalten Winterluft. Vielleicht fängt es sogar an zu schneien und dicke Flocken tanzen einen ausgelassenen Wintertanz. Doch bei all der Schönheit, die sich vor unseren Augen entfaltet: Es ist verdammt kalt! Zu Hause angekommen, setzen wir den Wasserkessel auf den Herd und freuen uns auf den heißen, köstlichen Tee. Mit einem prasselndem Kaminfeuer im Hintergrund oder leuchtenden Kerzen auf der Fensterbank schmeckt das Heißgetränk besonders lecker. Trübes Novemberwetter, Alltagsstress und kalte Schuhe können getrost vor der Türe bleiben. Gerade jetzt im Winter sollte man sich die Zeit nehmen, zur Ruhe zu kommen. Es lässt sich kaum besser abschalten als bei einer Tasse heißen Tee.

Für die kalte Jahreszeit gibt es spezielle Mischungen, viele enthalten wärmende Gewürze wie Zimt und Nelken. Auch Orangen machen sich jetzt besonders gut im Tee und bringen ein bisschen Sonne mit in die dunkle Zeit. Saisonal bietet sich besonders die Hagebutte an. Man kann beim Spaziergang einfach ein paar Hagebutten pflücken, zu Hause dann von den Kernen und kleinen Härchen befreien und überbrühen (der Tee gelingt natürlich auch wunderbar mit getrockneten Hagebutten).

Probieren Sie sich einfach mal durch die verschiedenen Kräutertees, mischen Sie Zimt und Piment dazu und zwei Scheiben Orangen ... Schnell werden Sie ihre persönliche Wintermischung finden und sich noch mehr auf die heiße Tasse Tee nach dem Spaziergang freuen.

Frische Salate & deftige Suppen

Warmer Pilzsalat

ZUBEREITUNGSZEIT:
ca. 20 Minuten

FÜR 2 PORTIONEN:

2 Handvoll Feldsalat
1 Zwiebel
200 g braune Champignons
3 EL Walnussöl
Pfeffer aus der Mühle
2 EL Balsamicocreme
Salz
1 Handvoll Walnüsse, gehackt

1. Den Feldsalat gut waschen, trockentupfen und putzen.
2. Anschließend die Zwiebel schälen und fein würfeln.
3. Die Champignons putzen, halbieren und in feine Scheiben schneiden.
4. In einer großen Pfanne das Walnussöl erhitzen und die Zwiebelwürfel sowie die Champignons darin andünsten.
5. Den Feldsalat in die Pfanne geben und kurz mitschwenken.
6. Den Salat mit Balsamicocreme, Salz und Pfeffer abschmecken. Auf zwei Tellern oder in einer Salatschüssel anrichten und mit den gehackten Walnüssen bestreuen und servieren.

Kürbiscapuccino mit Curry und Haferschaum

ZUBEREITUNGSZEIT:
ca. 1¼ Stunden

FÜR 2 PORTIONEN:

300 g Hokkaidokürbis
20 g Ingwer
2 Schalotten
1 EL Sonnenblumenöl
1 EL scharfes Currypulver und Currypulver zum Bestreuen
500 ml Gemüsebrühe
Salz
Pfeffer aus der Mühle
Saft von 1 Limette
250 ml Hafercuisine

1. Den Kürbis waschen, putzen und mitsamt der Schale in kleine Würfel schneiden.
2. Ingwer und Schalotten schälen und in dünne Scheiben schneiden.
3. Das Öl in einem Topf erhitzen und die Kürbiswürfel, den Ingwer und die Schalotten darin andünsten.
4. Das Currypulver darüberstreuen und mit Gemüsebrühe ablöschen. Das Ganze etwa 20 Minuten leise köcheln lassen.
5. Die Suppe fein pürieren und mit Salz, Pfeffer und Limettensaft abschmecken.
6. Die Hafercuisine in einen kleinen Top geben, erhitzen (nicht kochen lassen!) und mit dem Pürierstab schaumig schlagen.
7. Die Kürbissuppe auf Tassen verteilen, den Haferschaum daraufgeben und mit Currypulver bestäuben. Heiß servieren.

Lieblingssuppe:

Dieses Gericht stammt im Original von Verena Arendes, die Kürbisspezialistin unserer Region und eine liebe Freundin von mir. In der kalten Jahreszeit ist meine Familie süchtig nach dieser Suppe und es vergeht keine Woche, in der wir sie uns nicht in den Tellern wünschen. Sie ist meine unangefochtene Lieblingskürbissuppe! (Miriam Emme)

FERNÖSTLICHE VARIATION:

Wer es etwas exotischer, aber nicht minder köstlich bevorzugt, nimmt statt der Hafercuisine Kokosmilch.

Wintersalat mit Sprossen & warmem Kartoffeldressing

ZUBEREITUNGSZEIT:
ca. 30 Minuten

FÜR 4 PORTIONEN:

SALAT:
150 g Feldsalat
2 Möhren
1 Handvoll gemischte Sprossen

DRESSING:
3 mittelgroße Kartoffeln (ca. 200 g)
1 Schalotte
1 Knoblauchzehe
Öl zum Braten
1 Würfel Gemüsebrühe
40 ml Apfelessig
50 ml Hafercuisine
Salz
Pfeffer aus der Mühle

1. Den Feldsalat waschen, trockentupfen und putzen. Die Möhren putzen, schälen und fein hacken oder raspeln (alternativ in feine Stifte hobeln).
2. Für das Dressing die Kartoffeln schälen, waschen und würfeln.
3. Die Schalotte und die Knoblauchzehe schälen und ebenfalls würfeln.
4. Öl in einer Pfanne erhitzen und die Schalotte mit dem Knoblauch darin glasig andünsten. Die Kartoffeln dazugeben und kurz anbraten. Mit 200 ml Wasser ablöschen und den Brühwürfel dazu geben. Alles 10–15 Minuten kochen lassen.
5. Essig und Hafercuisine dazugeben und die Masse fein pürieren. Eventuell etwas Wasser hinzufügen, wenn das Dressing zu dickflüssig ist. Mit Salz und Pfeffer abschmecken.
6. Das Dressing auf Salatteller verteilen und mit Pfeffer bestreuen. Darauf Feldsalat und Möhrenraspel anrichten und den Salat mit den Sprossen toppen. Noch warm servieren.

Süßer Rotkohlsalat

ZUBEREITUNGSZEIT:
ca. 20 Minuten

FÜR 2 PORTIONEN:

½ Kopf Rotkohl
Salz
2 Orangen
2 EL Sonnenblumenöl
1 EL Mandelmus
1 EL Senf
Pfeffer aus der Mühle
15 eingelegte, entsteinte Pflaumen
1 Handvoll Mandelblättchen

1. Den Rotkohl in feine Streifen schneiden und unter kaltem Wasser abspülen. Gut abtropfen lassen, anschließend salzen, gut ver- und ruhen lassen.
2. Die Orangen auspressen und den Saft mit Öl, Mandelmus und Senf verrühren. Das Dressing mit Salz und Pfeffer abschmecken.
3. Das Dressing mit dem Rotkraut gut vermengen, die Pflaumen würfeln, unterheben und den Salat mit Mandelblättchen garniert servieren.

Grünkohlsuppe

ZUBEREITUNGSZEIT:
ca. 40 Minuten

FÜR 4 PORTIONEN:

1 große Zwiebel
3–4 Kartoffeln
400 g Grünkohl, vom Strunk gezupft
4 EL Apfelschmalz mit Kräutern (Rezept Seite 147, ersatzweise ein anderes veganes Schmalz)
750 ml Gemüsebrühe
½ TL Salz
1 EL grober Senf
Pfeffer aus der Mühle

1. Die Zwiebel schälen und würfeln. Die Kartoffeln schälen, waschen und in etwa 1 cm große Würfel schneiden. Den Grünkohl waschen, abtropfen lassen und klein schneiden.
2. 2 Esslöffel Schmalz in einem Topf zerlassen und die Zwiebeln darin andünsten.
3. Den Kohl dazugeben und kräftig anbraten.
4. Mit Gemüsebrühe ablöschen, Salz und Senf dazugeben und etwa 20 Minuten köcheln lassen.
5. Das restliche Schmalz in einer Pfanne zerlassen und die Kartoffelwürfel von allen Seiten goldbraun anbraten. Anschließend salzen.
6. Die Suppe mit Salz und Pfeffer abschmecken und auf Tellern verteilen. Die Kartoffelwürfel als Einlage in die Suppe geben.

Grünkohl – frisch oder vorgekocht:

Wer keinen frischen Grünkohl bekommen kann, findet mit etwas Glück vorgekochten oder tiefgefrorenen Grünkohl auf dem Markt oder im Lebensmittelgeschäft. Bei Verwendung von vorgekochtem Grünkohl reduziert sich beim Zubereiten der Suppe die Menge des Salzes und richtet sich nach der Würze des Kohls.

Rote-Bete-Eintopf

ZUBEREITUNGSZEIT:
ca. 45 Minuten

FÜR 4 PORTIONEN:

1 kg Rote Bete
1 Zwiebel
1 Knoblauchzehe
Öl zum Braten
250 ml Gemüsebrühe
250 g Dinkelseitan
30 ml Reiscuisine
Salz
Pfeffer aus der Mühle
gemahlener Piment

1. Wasser in einem großen Topf erhitzen und die Rote Bete darin etwa 30 Minuten garen.
2. Anschließend abgießen, abkühlen lassen, schälen und grob raspeln.
3. Die Zwiebel sowie die Knoblauchzehe schälen, fein würfeln und in etwas Öl andünsten.
4. Danach die Rote Bete hinzugeben, andünsten und anschließend mit der Gemüsebrühe aufgießen. Zugedeckt etwa 10 Minuten köcheln lassen.
5. In der Zwischenzeit den Seitan in feine Streifen schneiden und in einer separaten Pfanne in etwas heißem Öl knusprig braten.
6. Die Reiscuisine zur Roten Bete geben, unterrühren. Den Eintopf mit Salz, Pfeffer und Piment abschmecken und zusammen mit den Seitanstreifen heiß servieren.

Süßer Feldsalat mit Meerrettichdressing

ZUBEREITUNGSZEIT:
ca. 20 Minuten

FÜR 2 PORTIONEN:

200 g Feldsalat
100 ml Hafercuisine
2 EL Walnussöl
3 EL naturtrüber Apfelessig
1 EL Meerrettich (frisch gerieben oder aus dem Glas)
Salz
Pfeffer aus der Mühle
2 Birnen
1 EL vegane Margarine
2 EL Zucker

1. Den Feldsalat gut waschen, trockentupfen und putzen. In eine Salatschüssel geben.
2. Die Hafercuisine mit Öl, Essig und dem Meerrettich verrühren. Das Dressing mit Salz und Pfeffer abschmecken und anschließend unter den Feldsalat heben.
3. Die Birnen schälen, vierteln, entkernen und in feine Scheiben schneiden.
4. Die Margarine in einer Pfanne zerlassen, die Birnenscheiben darin andünsten, anschließend mit dem Zucker bestreuen und abkühlen lassen.
5. Die Birnenspalten auf dem Feldsalat anrichten und sofort servieren.

Linsen-Kürbis-Eintopf

ZUBEREITUNGSZEIT:
ca. 30 Minuten

FÜR 4 PORTIONEN:

1 große Zwiebel
1 Knoblauchzehe
300 g Kürbis
3 Möhren
Öl zum Braten
750 ml Gemüsebrühe
150 g rote Linsen
2 EL Zitronensaft
½ TL Salz
1 TL Curry
½ TL Kreuzkümmel

1. Die Zwiebel und den Knoblauch schälen und fein würfeln, den Kürbis waschen, putzen, je nach Sorte eventuell schälen und in mundgerechte Stücke schneiden.
2. Die Möhren schälen und in feine Scheiben schneiden.
3. Die Zwiebeln und den Knoblauch in etwas Öl glasig andünsten.
4. Den Kürbis und die Möhren dazugeben und kurz und kräftig mit anbraten.
5. Mit Gemüsebrühe ablöschen, die Linsen, den Zitronensaft, Salz, Curry und Kreuzkümmel dazugeben und 15–20 Minuten ohne Deckel leise köcheln lassen.
6. Den Eintopf heiß servieren.

Orangen-Rotkohl-Salat

ZUBEREITUNGSZEIT:
ca. 20 Minuten

FÜR 2 PORTIONEN:

½ Kopf Rotkohl
2 Orangen
1 Zitrone
1 EL Senf
2 EL Sonnenblumenöl
Salz
Pfeffer aus der Mühle
1 Handvoll Walnusskerne

1. Den Rotkohl in feine Streifen schneiden und unter kaltem Wasser abspülen. Gut abtropfen lassen, anschließend salzen, gut vermischen und ruhen lassen.
2. Eine Orange schälen und filetieren.
3. Die zweite Orange ebenso wie die Zitrone auspressen, den Saft mit dem Senf und dem Öl gut verrühren und das Dressing abschließend mit Salz und Pfeffer abschmecken.
4. Das Dressing mit dem Rotkohl gut vermengen und den Salat mit Walnüssen und Orangenfilets garniert servieren.

Herzerwärmende Hauptgerichte

Kartoffel-Pastinaken-Fladen

ZUBEREITUNGSZEIT:
ca. 50 Minuten
+ 30 Minuten Ruhezeit

FÜR CA. 4 FLADEN (4 PORTIONEN):

TEIG:
200 g Dinkelmehl Type 630
100 g kalte, vegane Butter
1 TL Salz

BELAG:
1 Knoblauchzehe
200 g Kartoffeln
200 g Pastinaken
2 EL gehackte Kräuter der Saison
150 g Hafercuisine
2 EL Pfeilwurzstärke
1 TL Salz
2 Prisen Pfeffer aus der Mühle
frisch geriebene Muskatnuss

1. Alle Zutaten für den Teig mit 80 ml kaltem Wasser in einer Schüssel rasch zu einem Teig verkneten. In Folie wickeln und im Kühlschrank 30 Minuten ruhen lassen.
2. Den Backofen auf 200 °C vorheizen.
3. Den Teig in vier Portionen teilen, zwischen Backpapier oder Folie zu vier länglichen Fladen von etwa 0,5 cm Dicke ausrollen, auf ein mit Backpapier ausgelegtes Blech legen und mit einer Gabel mehrmals einstechen, damit er keine Blasen wirft.
4. Die Fladen 10 Minuten im vorgeheiztem Ofen vorbacken, herausnehmen und den Backofen eingeschaltet lassen.
5. Inzwischen den Knoblauch schälen und fein würfeln.
6. Die Kartoffeln und Pastinaken schälen, waschen und raspeln.
7. Die Kartoffel- und Pastinakenraspel mit dem Knoblauch und den Kräutern mischen.
8. Die Hafercuisine mit der Pfeilwurzstärke glatt rühren, nach Geschmack eventuell salzen und pfeffern sowie mit Muskat würzen und auf dem vorgebackenen Teig verteilen.
9. Die Fladen noch etwa 30 Minuten im Ofen backen. Heiß servieren.

Schupfnudeln

ZUBEREITUNGSZEIT:
ca. 1 Stunde

FÜR 4 PORTIONEN:

800 g mehligkochende Kartoffeln
Salz
100–250 g Dinkelmehl Type 630
1 TL Xanthan
2–3 Prisen frisch geriebene
Muskatnuss
Öl zum Braten

1. Die Kartoffeln schälen, waschen und in reichlich Salzwasser gar kochen.
2. Abgießen, durch eine Kartoffelpresse passieren oder mit der Gabel zerdrücken. Ausdampfen lassen, bis sie handwarm sind.
3. Das Mehl (siehe Tipp), das Xanthan, Muskat und ½ Telelöffel Salz dazugeben und alles zu einer homogenen Masse verarbeiten.
4. Den Teig in zwei Portionen teilen und jeweils eine etwa 4 cm dicke Rolle formen.
5. Mit einem Messer etwa 1 cm dicke Stücke abschneiden und mit den Händen zu kleinen Rollen mit spitzen Enden formen.
6. In einem großen Topf reichlich Salzwasser erhitzen, die Nudeln in mehreren Portionen hineingeben und garziehen lassen. Die Schupfnudeln sind gar, wenn sie an der Oberfläche schwimmen.
7. Mit einer Schaumkelle aus dem Wasser nehmen, auf einem Küchentuch abtropfen und erneut ausdampfen lassen.
8. Abschließend in einer großen Pfanne in heißem Öl von beiden Seiten knusprig braten.

TIPP:

Dazu passt ein mildes Sauerkraut, rechnen Sie etwa 200 g pro Person. Auch die Vanillemöhren (Seite 82) schmecken köstlich dazu.

Die richtige Mehlmenge:

Wenn die Kartoffelmasse zu klebrig ist, mehr Mehl hinzufügen. Die Menge des Mehls richtet sich nach dem Wassergehalt der Kartoffeln und kann daher sehr unterschiedlich sein.

Fenchel-Sauerkraut-Taschen

ZUBEREITUNGSZEIT:
*ca. 55 Minuten
+ 30 Minuten Gehzeit*

FÜR 8 STÜCK (4 PORTIONEN):

TEIG:
*300 g Dinkelmehl Type 630 und Mehl zum Ausrollen
1 TL Salz
½ Würfel Hefe*

FÜLLUNG:
*1 große Fenchelknolle
300 g Sauerkraut, abgetropft
2 Zwiebeln
1 getrocknetes Lorbeerblatt
Öl zum Braten
Pfeffer aus der Mühle
Salz
frisch geriebene Muskatnuss
80 ml Hafercuisine
1 TL Senf*

TIPP:
Dazu passt der warme Pilzsalat (Seite 38).

1. Für den Teig Mehl und Salz gut miteinander mischen.
2. Die Hefe im 120 ml lauwarmem Wasser auflösen, zur Mehlmischung geben und alles miteinander verrühren.
3. Mit etwas Wasser besprühen und 30 Minuten lang zugedeckt an einem warmen Ort gehen lassen.
4. Den Backofen auf 200 °C vorheizen.
5. In der Zwischenzeit das Fenchel-Sauerkraut zubereiten. Dafür die Fenchelknolle waschen, putzen und klein schneiden. Die Zwiebeln schälen und ebenfalls klein schneiden.
6. Das Sauerkraut mit den Zwiebeln, dem Fenchel und dem Lorbeerblatt kurz in heißem Öl scharf anbraten, danach die Hitze reduzieren.
7. Mit Pfeffer, Salz und Muskat kräftig würzen, die Hafersahne und den Senf dazugeben und sämig einkochen lassen. Mit Salz und Pfeffer erneut abschmecken.
8. Nun den Teig mit bemehlten Händen in acht Portionen teilen, zu Kugeln formen und auf einer bemehlten Fläche kreisrund auf etwa 12 cm Ø ausrollen.
9. Das Fenchel-Sauerkraut gleichmäßig jeweils auf einer Hälfte der Teigplatten verteilen, dabei außen einen Rand lassen. Die Taschen zuklappen und die Ränder mit einer Gabel zusammendrücken.
10. Auf ein mit Backpapier ausgelegtes Backblech legen und 20–25 Minuten im vorgeheizten Ofen backen. Die Fenchel-Sauerkraut-Taschen heiß servieren.

Buntes Ofengemüse

ZUBEREITUNGSZEIT:
ca. 45 Minuten

FÜR 2 PORTIONEN:

700 g Butternuss-Kürbis
5 mittelgroße Kartoffeln
Salz
Pfeffer aus der Mühle
1 Zwiebel
1 TL ganze Senfkörner
Olivenöl zum Braten und Beträufeln
2 EL Zucker
etwas weißer Balsamicoessig
50 ml Gemüsebrühe
10 Zweige Rosmarin

1. Den Kürbis sowie die Kartoffeln schälen, waschen und in Scheiben schneiden.
2. Jeweils abwechselnd dachziegelartig in Reihen in eine flache Auflaufform legen und anschließend salzen und pfeffern.
3. Den Backofen auf 220 °C vorheizen.
4. Die Zwiebel schälen, sehr fein hacken und zusammen mit den Senfkörnern in etwas Olivenöl andünsten.
5. Den Zucker hinzugeben, karamellisieren und danach mit einem Schuss Essig ablöschen.
6. Bei geringer Hitze reduzieren, die Gemüsebrühe hinzugeben und nochmals einkochen, bis der Großteil der Flüssigkeit verdampft ist.
7. Den Sud gleichmäßig auf die Kürbis- und Kartoffelscheiben gießen, das Gemüse mit Olivenöl beträufeln, die Rosmarinzweige darauflegen und 20 Minuten im vorgeheizten Ofen garen.

So wird's extraknusprig:

Wer es gerne knusprig mag, sollte während des Backens mit einem Holzkochlöffel die Tür des Backofens einen Spalt geöffnet halten, so kann der Dampf gut entweichen.

Zwiebelblumen mit Mandelpanade

ZUBEREITUNGSZEIT:
ca. 40 Minuten

FÜR 2 PORTIONEN:

200 g Mandeln
4 TL feines Salz
2 TL Knoblauchpulver
4 TL Paprikapulver rosenscharf
1 TL gemahlene Kurkuma
2 EL getrockneter Oregano
4 Gemüsezwiebeln

1. Den Backofen auf 200 °C vorheizen.
2. Die Mandeln mahlen und mit dem Salz, Knoblauch- und Paprikapulver, Kurkuma sowie Oregano mischen.
3. Vom oberen Teil der Zwiebeln etwa ein Drittel abschneiden. Die Zwiebeln schälen.
4. Eine der Zwiebeln mit der Schnittfläche nach unten auf eine Arbeitsplatte legen, die Wurzel zeigt jetzt nach oben.
5. Im Abstand von etwa 1 cm die Zwiebel rundherum gleichmäßig von der Wurzel bis zur Schnittkante einschneiden, sodass 12–16 Spalten entstehen.
6. Die Zwiebel vorsichtig umdrehen und auseinander falten.
7. Mit Wasser besprühen und die Panade auf der Zwiebel, besonders zwischen den einzelnen Blättern, verteilen. Dabei immer mal wieder kurz mit Wasser besprühen, damit die Panade besser hält. So fortfahren, bis die Zwiebel fast vollständig mit Panade bedeckt ist.
8. Mit den anderen Zwiebeln ebenso verfahren.
9. Die Zwiebeln auf ein mit Backpapier ausgelegtes Blech setzen und etwa 25 Minuten im vorgeheizten Ofen backen.

TIPP:

Dazu passt als Dip der Hagebuttenketchup (Seite 153). Gut schmeckt auch selbst gebackenes Brot dazu, beispielsweise das Winterbrot (Seite 84).

Wirsingknödel

ZUBEREITUNGSZEIT:
ca. 45 Minuten

FÜR 6 KNÖDEL (2-3 PORTIONEN):

200 g Knödelbrot (in kleine Würfel geschnittenes, trockenes Weißbrot)
250 ml Reisdrink
1 Zwiebel
500 g Wirsing
Öl zum Braten
250 ml Gemüsebrühe
frisch geriebene Muskatnuss
Räuchersalz
Salz
Pfeffer aus der Mühle

1. Den Backofen auf 180 °C vorheizen.
2. Das Knödelbrot mit dem Reisdrink in einer Schüssel gut mischen.
3. Die Zwiebel schälen und in Würfel schneiden. Den Wirsing putzen, waschen, in Streifen schneiden, diese grob hacken. Etwas Öl in einem Topf erhitzen, Zwiebel und Wirsing darin gut andünsten.
4. Mit der Gemüsebrühe ablöschen und etwa 10 Minuten köcheln lassen. Anschließend alles zur Knödelmasse geben, diese mit einer Prise Muskatnuss sowie Salz und Pfeffer abschmecken und den Teig gut durchkneten.
5. Mit feuchten Händen Knödel formen, diese auf ein mit Backpapier belegtes Backblech geben und 15–20 Minuten im vorgeheizten Ofen backen.
6. Die Knödel sollten nicht zu dunkel werden, innen aber durchgegart sein. Anschließend heiß servieren.

Selleriepuffer

ZUBEREITUNGSZEIT:
ca. 35 Minuten

FÜR 4 PORTIONEN:

500 g Knollensellerie
400 g festkochende Kartoffeln
5 EL Johannisbrotkernmehl
frisch geriebene Muskatnuss
Salz
Pfeffer aus der Mühle
Öl zum Braten

1. Knollensellerie und Kartoffeln schälen, waschen und grob reiben.
2. Mit dem Johannisbrotkernmehl vermengen und anschließend mit Muskatnuss, Salz und Pfeffer abschmecken.
3. Das Öl in einer Pfanne erhitzen.
4. Aus der Masse Kugeln formen, diese flach drücken und von beiden Seiten bei mittlerer Hitze goldbraun und knusprig braten.
5. Die gebratenen Puffer auf Küchenpapier abtropfen lassen und heiß servieren.

Dazu ein schneller Dip:

Aus Mandelmus, etwas Apfelessig, Salz, Pfeffer und Kresse lässt sich schnell und einfach ein Dip zaubern, der prima zu den Selleriepuffern passt. Wer Gelegenheit zum Sammeln hat, kann die Kresse durch frische Brunnenkresse ersetzen.

Gefülltes Kraut

ZUBEREITUNGSZEIT:
ca. 1¾ Stunden

FÜR 1 KRAUTFORM (4–5 PORTIONEN):

1 mittelgroßer Weißkohl
Salz
2 Knoblauchzehen
2 mittelgroße Zwiebeln
Öl zum Braten
1 Würfel Gemüsebrühe
150 g geschroteter Grünkern
1 Scheibe altbackenes Dinkelbrot
100 g zarte Haferflocken
Pfeffer aus der Mühle
¼ TL Paprikapulver edelsüß
1 TL Paprikapulver rosenscharf
½ TL Knoblauchpulver
2 EL geschroteter Leinsamen

EINGEWICKELT:

Wenn man keine Krautform (Pudding- oder Wasserbadform) besitzt, kann man mit diesem Rezept auch ganz leicht Kohlrouladen zaubern!

① Die äußeren Blätter vom Kohl entfernen und den Strunk unten abschneiden. Den ganzen Kohlkopf in reichlich Salzwasser (der Kohl sollte bedeckt sein) 3–4 Minuten kochen, herausnehmen und die äußeren Blätter vorsichtig ablösen. Sie sollten nahezu ganz bleiben. Das Garwasser aufbewahren.

② So lange die Blätter von außen ablösen, bis man zu den inneren Blättern gelangt, die sich nicht mehr leicht ablösen lassen. Diese restlichen Blätter klein schneiden.

③ Knoblauchzehen und Zwiebeln fein würfeln und in etwas Öl glasig andünsten.

④ 500 ml Garwasser, den Brühwürfel und den Grünkern dazugeben und aufkochen lassen. Danach die Hitze reduzieren und nochmals 15–20 Minuten köcheln lassen.

⑤ Das Brot in etwas Wasser einweichen, danach ausdrücken.

⑥ Die Haferflocken, Salz und die übrigen Gewürze, den Leinsamen und das Brot zum Grünkern geben. Alles gut miteinander mischen und mit Salz und Pfeffer kräftig abschmecken. 10 Minuten quellen lassen.

⑦ Eine Krautform an den Rändern und in der Mitte komplett mit den Kohlblättern auskleiden.

⑧ Auf den Boden nun eine Mischung aus den Kohlblättern und dem geschnittenen Kohl geben. Darauf eine Lage der Grünkernmischung verteilen.

⑨ Auf diese Weise alle Zutaten einschichten, bis sie aufgebraucht sind. Mit einer Schicht Kohlblätter abschließen.

⑩ Die Krautform mit dem Deckel schließen. Wasser in einem großen Topf erhitzen (die Krautform sollte zu einem Drittel bis zur Hälfte in kochendem Wasser stehen) und das Ganze etwa 1 Stunde garen.

⑪ Den Krauttopf aus dem Wasserbad nehmen, den Deckel entfernen und die Form vorsichtig stürzen.

Kürbisburger

Beilagentipp: Rote-Bete-Chips passen sehr gut zum Burger: Rote Beten schälen, in feine Scheiben schneiden und in Olivenöl wenden, so dass sie von allen Seiten gut damit überzogen sind. Die Scheiben nebeneinander auf ein mit Backpapier ausgelegtes Blech legen und im auf 180 °C vorgeheizten Backofen etwa 5 Minuten knusprig backen. Mit grobem Meersalz bestreut servieren.

ZUBEREITUNGSZEIT:
ca. 1½ Stunden

FÜR 6–8 BURGER (4-6 PORTIONEN):

BURGER-BRÖTCHEN:
1 TL Salz
300 g Dinkelmehl Type 630
½ Würfel Hefe

KÜRBIS-PATTIES:
4 mittelgroße Kartoffeln
300 g Butternusskürbis
3 EL Maismehl
30 g Dinkelflocken
10 ml Gemüsebrühe
Salz
Pfeffer aus der Mühle
frisch geriebene Muskatnuss
1 Zwiebel
2 Tomaten
1 kleiner Lollo-Rosso-Salat
Öl zum Braten
Ketchup und vegane Mayonnaise nach Belieben

VARIATION:

Sehr lecker sind auch Zwiebel-Brötchen. Dazu einfach 2 Esslöffel geröstete Zwiebeln bei Schritt 1 zum Mehl geben und untermischen.

1. Für die Brötchen das Salz und das Mehl gut miteinander mischen. Die Hefe in 150 ml lauwarmem Wasser auflösen und dazugeben.
2. Zu einem Teig verkneten, mit Wasser besprühen und 30 Minuten lang zugedeckt an einem warmen Ort gehen lassen.
3. Den Backofen auf 200 °C vorheizen.
4. Mit bemehlten Händen den Teig in sechs bis acht Portionen teilen, daraus kleine Brötchen formen und auf ein mit Backpapier ausgelegtes Backblech legen.
5. Erneut mit Wasser besprühen und die Brötchen 15–20 Minuten im vorgeheizten Ofen backen. Die Brötchen vor dem Aufschneiden auf einem Kuchengitter gut abkühlen lassen.
6. Für die Kürbis-Patties die Kartoffeln kochen. In der Zwischenzeit den Kürbis schälen, entkernen und raspeln.
7. Die gekochten Kartoffeln schälen, zerstampfen und zu dem geriebenen Kürbis geben. Das Maismehl, die Dinkelflocken sowie die Gemüsebrühe hinzufügen, alles gut mischen und die Masse mit Salz, Pfeffer und Muskatnuss abschmecken.
8. Die Zwiebel schälen und in Ringe schneiden. Die Tomaten und den Salat waschen und abtropfen lassen, die Tomaten in Scheiben schneiden. Die Burgerbrötchen aufschneiden und die unteren Hälften mit Salat, Tomaten und Zwiebeln belegen.
9. Aus der Masse sechs bis acht etwa 1 cm dicke Laibchen formen. Etwas Öl in einer Pfanne erhitzen und die Laibchen darin auf beiden Seiten bei mittlerer Hitze braten, mit Küchenpapier abtupfen und auf die Burgerhälften verteilen.
10. Die oberen Brötchenhälften je nach Belieben mit Ketchup, Ketchup und Mayonnaise oder einer anderen veganen Sauce bestreichen, auf die Burger setzen und sofort warm servieren. Dazu passen Rote-Bete-Chips.

Rosenkohl mit Maroni

ZUBEREITUNGSZEIT:
ca. 30 Minuten

FÜR 2 PORTIONEN:

250 g Rosenkohl
Salz
1 Zwiebel
1 EL veganes Zwiebelschmalz
1 TL Fenchelsamen
150 g vorgegarte Maroni
Öl zum Braten
Pfeffer aus der Mühle
7 Walnusskerne

1. Den Rosenkohl waschen, putzen, den Strunk kreuzförmig einschneiden und den Rosenkohl anschließend in Salzwasser etwa 15 Minuten kochen.
2. In der Zwischenzeit die Zwiebel schälen und fein würfeln. Das Zwiebelschmalz in einer Pfanne erhitzen und die Zwiebel darin andünsten. Dann die Fenchelsamen hinzugeben.
3. Den gekochten Rosenkohl abgießen, abtropfen lassen und zusammen mit den Maroni in heißem Öl in der Pfanne braten.
4. Den Rosenkohl mit Salz und Pfeffer abschmecken, mit den Walnusskernen bestreuen und heiß servieren.

Krautschnecken

ZUBEREITUNGSZEIT:
ca. 1 Stunde

FÜR CA. 16 SCHNECKEN (4 PORTIONEN):

250 g Dinkelmehl Type 630 und
Mehl zum Ausrollen
½ Packung Trockenhefe
1 EL Öl und Öl zum Braten
Salz
½ Weißkohl
1 Zwiebel
1 EL Zucker
ca. 25 ml Weißwein
50 ml Gemüsebrühe
einige Wacholderbeeren
Salz
Pfeffer aus der Mühle
frisch geriebene Muskatnuss

1. Das Mehl zusammen mit 150 ml lauwarmem Wasser, der Hefe, 1 Esslöffel Öl sowie einer Prise Salz zu einem glatten Teig verkneten, und diesen abgedeckt an einem warmen Ort etwa 30 Minuten gehen lassen.
2. In der Zwischenzeit den Weißkohl putzen, die Zwiebel schälen und beides in feine Streifen schneiden.
3. Den Backofen auf 180 °C vorheizen.
4. Etwas Öl in einem Topf erhitzen, Zwiebel und Weißkraut darin andünsten, mit Zucker karamellisieren und mit Weißwein sowie Gemüsebrühe ablöschen.
5. Die Wacholderbeeren hinzugeben und so lange kochen, bis die Flüssigkeit verdampft ist.
6. Anschließend die Wacholderbeeren entfernen und das Kraut mit Salz, Pfeffer und Muskatnuss abschmecken. In ein Sieb geben und verbliebene Flüssigkeit ausdrücken.
7. Danach den Teig auf einer bemehlten Fläche zu einem Rechteck ausrollen, das Kraut darauf verteilen, die kurzen Teigenden einschlagen und den Teig von der Längsseite her zusammenrollen.
8. Die Teigrolle mit einem angefeuchteten Messer in etwa 1,5 cm dicke Scheiben schneiden und diese auf ein mit Backpapier belegtes Backblech legen. Die Krautschnecken etwa 20 Minuten im vorgeheizten Ofen goldbraun backen. Warm oder abgekühlt servieren.

Flammkuchen mit Rotkohl und Walnüssen

ZUBEREITUNGSZEIT:
ca. 30 Minuten
+ 30 Minuten Ruhezeit

FÜR 1 BLECH (4 PORTIONEN):

TEIG:
200 g Dinkelmehl Type 630
1 TL Salz
2 TL Rapsöl

BELAG:
300 g Rotkohl
1 Zwiebel
1 TL Salz
2 EL Apfelessig
150 ml Hafercuisine
2 EL Pfeilwurzstärke
Kräutersalz
Pfeffer aus der Mühle
2 kleine Handvoll Walnusskerne

1. Für den Teig das Dinkelmehl mit dem Salz mischen.
2. Die Mehlmischung mit dem Öl und 100 ml lauwarmem Wasser zu einem geschmeidigen Teig verkneten.
3. Den Teig 30 Minuten an einem warmen Ort abgedeckt gehen lassen.
4. Für den Belag den Rotkohl putzen, die Zwiebel schälen und beides in feine Streifen schneiden.
5. Das Salz zum Rotkohl geben und so lange durchkneten, bis der Kohl Wasser zieht.
6. Den Apfelessig hinzugeben und 30 Minuten durchziehen lassen.
7. Den Backofen auf 180 °C vorheizen.
8. Die Hafercuisine mit der Pfeilwurzstärke glatt rühren und danach kräftig mit Kräutersalz und Pfeffer würzen.
9. Den Flammkuchenteig auf Backblechgröße ausrollen. Mit der Hafercuisine großzügig bestreichen, dabei etwas zurückbehalten. Den Rotkohl mit den Zwiebeln mischen und auf dem Teig verteilen.
10. Die Walnüsse hacken und auf dem Rotkohl verteilen.
11. Abschließend den Flammkuchen etwa 10 Minuten im vorgeheizten Ofen auf einem heißen Stein oder einem mit Backpapier ausgelegten Backblech backen. Nach drei Vierteln der Backzeit nochmals mit etwas Hafercuisine beträufeln. Heiß servieren.

Wirsing auf Kartoffelschaum mit Rote-Bete-Würfeln

ZUBEREITUNGSZEIT:
ca. 1¼ Stunden

FÜR 4 PORTIONEN:

WIRSING:
1/2 Wirsingkopf
1 Msp. Natron
1 Zwiebel
Öl zum Braten
250 ml Gemüsebrühe
1–2 TL Senf
100 ml Hafercuisine
Salz
Pfeffer aus der Mühle
frisch geriebene Muskatnuss

ROTE-BETE-WÜRFEL:
2 große Rote Beten
Salz
1 TL Kümmelsamen
6 EL Apfelessig

KARTOFFELSCHAUM:
1 kg Kartoffeln
Salz
30 g vegane Butter
2 Prisen frisch geriebene Muskatnuss
200 g Haferdrink

1. Den Wirsing waschen und putzen. Die äußeren Blätter vom Wirsing entfernen und in kleine Streifen schneiden.
2. Wasser in einem Topf zum Kochen bringen, Natron hineingeben und den Wirsing kurz blanchieren, anschließend abgießen und abschrecken.
3. Die Zwiebel schälen, in feine Würfel schneiden und in heißem Öl glasig andünsten. Den Wirsing dazugeben und kräftig anbraten.
4. Mit Gemüsebrühe ablöschen und etwa 10 Minuten garen, bis der Wirsing weich ist.
5. Senf und Hafersahne dazugeben und unterrühren. Mit Salz, Pfeffer und Muskat abschmecken.
6. Die Roten Beten waschen und putzen. In einen Topf geben und mit Wasser bedecken, kräftig salzen. Kümmel und Apfelessig dazugeben und die Roten Beten etwa 30 Minuten bissfest garen.
7. Aus dem Wasser nehmen und die Schale abziehen (evtl. Handschuhe benutzen), abkühlen lassen.
8. Die Roten Beten würfeln und vor dem Servieren evtl. kurz in wenig Wasser erhitzen.
9. Die Kartoffeln schälen und in Salzwasser etwa 20 Minuten garen. Dann abgießen, dabei das Garwasser auffangen. Die vegane Butter, Muskat und Haferdrink dazugeben.
10. Alles mit dem Pürierstab pürieren. Sollte mehr Flüssigkeit benötigt werden, esslöffelweise Garwasser dazugeben. Zum Schluss mit Salz abschmecken.
11. Zum Servieren den Kartoffelschaum auf Tellern anrichten. Den Wirsing darauf verteilen. Die Rote-Bete-Würfel auf den Wirsing streuen und alles heiß servieren.

Pikante Fenchelweckerl

ZUBEREITUNGSZEIT:
ca. 40 Minuten

FÜR CA. 20 WECKERL:

1 Würfel frische Hefe
750 g Roggenmehl Type 960 und Mehl für die Arbeitsfläche
1 TL Zucker
2 TL Salz
½ TL gemahlener Anis
1 TL gemahlener Kümmel
1 Prise frisch geriebene Muskatnuss
200 g Fenchel
1 Zwiebel
Öl zum Braten
Fenchelsamen zum Bestreuen

1. Die Hefe in 500 ml lauwarmem Wasser auflösen.
2. Das Mehl mit Zucker, Salz, Anis, Kümmel und Muskat mischen. Danach das Wasser und den Hefe hinzugeben und alles zu einem glatten Teig verkneten.
3. Diesen mit einem Geschirrtuch bedeckt an einem warmen Ort etwa 30 Minuten gehen lassen. 15 Minuten vor Ende der Gehzeit den Backofen auf 220 °C vorheizen und eine mit Wasser gefüllte, große, feuerfeste Schüssel in den Ofen stellen.
4. Den Fenchel waschen. Die Zwiebel und den Fenchel sehr fein würfeln. Etwas Öl in einer Pfanne erhitzen, Zwiebel und Fenchel darin gut anbraten.
5. Nach Ende der Gehzeit den Teig auf eine bemehlte Arbeitsfläche geben und die Fenchel-Zwiebel-Masse gut einarbeiten.
6. Anschließend den Teig in etwa 20 gleich große Stücke schneiden, diese zu Weckerl formen, mit einem angefeuchteten Messer rautenförmig einschneiden und mit Fenchelsamen bestreuen.
7. Die Weckerl auf ein mit Backpapier belegtes Backblech setzen. Abschließend mit Wasser bepinseln und etwa 25 Minuten im vorgeheizten Ofen backen. Auf einem Backgitter abkühlen lassen.

TIPP:

Die Fenchelweckerl passen sehr gut zum Wintersalat (Seite 43) oder zum Linsen-Kürbis-Eintopf (Seite 51).

Süßer Pastinakenreis

ZUBEREITUNGSZEIT:
ca. 15 Minuten

FÜR 4 PORTIONEN:

4 Pastinaken
4 Wirsingblätter
2 EL Agavendicksaft
4 EL Rosinen
gemahlener Zimt

1. Die Pastinaken schälen, waschen und fein reiben, die Wirsingblätter waschen.
2. Danach mit dem Agavendicksaft süßen, eine Prise Zimt sowie die Rosinen hinzugeben und alle Zutaten gut vermengen.
3. Den Pastinakenreis dekorativ in Wirsingblättern anrichten und servieren.

TIPP:

Der Pastinakenreis passt zu den Wirsingknödeln (Seite 66).

Vanillemöhren

ZUBEREITUNGSZEIT:
ca. 20 Minuten

FÜR 4 PORTIONEN:

2 Bund Möhren
Salz
Rapsöl zum Braten
4 EL Apfeldicksaft
1 TL gemahlene Vanille

1. Das Grün der Möhren abschneiden, dabei 2–4 cm stehen lassen. Die Möhren schälen und waschen.
2. Salzwasser aufkochen und die Möhren darin 5–8 Minuten blanchieren.
3. Das Öl in einer großen Pfanne erhitzen. Die Möhren hineingeben und kurz anbraten, den Apfeldicksaft und das Vanillepulver dazugeben und die Möhren kurz karamellisieren lassen.
4. Die Möhren aus der Pfanne nehmen und heiß servieren.

TIPP:

Die Vanillemöhren sind eine wunderbare Beilage zu den Schupfnudeln (Seite 58).

Winterbrot

ZUBEREITUNGSZEIT:
ca. 50 Minuten
+ 30 Minuten Ruhezeit

FÜR 1 GROSSEN LAIB:

1 Würfel Hefe
330 ml Bier (1 Flasche), zimmerwarm
1 TL Apfelsüße
2 TL Salz
600 g Dinkelmehl Type 630
50 g Haferflocken
5 EL gepuffte Hirse
2 EL getrocknete Brennnesseln

1. Die Hefe im Bier auflösen und die Apfelsüße hinzugeben. Kurz ruhen lassen.
2. Die Hefemischung umrühren und mit den restlichen Zutaten zu einem geschmeidigen Teig verarbeiten. Sollte der Teig zu trocken sein, vorsichtig lauwarmes Wasser hinzugeben und weiterkneten.
3. Den Teig zu einem Laib formen und auf ein mit Backpapier ausgelegtes Blech legen.
4. Mit Wasser besprühen und etwa 30 Minuten ruhen lassen. Der Teig sollte sich merklich vergrößern.
5. In der Zwischenzeit den Backofen auf 180 °C vorheizen.
6. Den Laib nun kreuzweise einschneiden, nochmals mit Wasser besprühen und etwa 40 Minuten im vorgeheizten Ofen backen.
7. Das Brot herausnehmen und auf einem Backgitter abkühlen lassen.

Kartoffelknödel

ZUBEREITUNGSZEIT:
ca. 45 Minuten

FÜR 4 PORTIONEN:

1 kg mehligkochende Kartoffeln
100 g Dinkelgries
100 g Maismehl
frisch geriebene Muskatnuss
Salz
Pfeffer aus der Mühle

1. Die Kartoffeln in etwa 20 Minuten gar kochen, abschrecken, schälen und zerstampfen.
2. Den Gries und das Maismehl zur Masse geben und diese mit Muskat, Salz und Pfeffer abschmecken.
3. Die Masse gut verkneten und anschließend mit feuchten Händen 10 bis 12 gleich große Knödel formen.
4. Die Knödel in siedendes Wasser legen und bei schwacher Hitze etwa 10 Minuten ziehen lassen, bis sie an der Oberfläche schwimmen.
5. Mit einem Schaumlöffel vorsichtig herausnehmen, abtropfen lassen und heiß servieren.

Sauerkrautstrudel

ZUBEREITUNGSZEIT:
ca. 45 Minuten

FÜR 6 PORTIONEN:

*250 g Dinkelmehl Type 630
und Mehl zum Ausziehen
2 EL Öl und Öl zum Bestreichen
Salz
7 mittelgroße Kartoffeln
130 g Sauerkraut
frisch geriebene Muskatnuss
Pfeffer aus der Mühle
Kümmelsamen
Paprikapulver edelsüß*

1. Das Mehl mit 125 ml lauwarmem Wasser, 2 Esslöffeln Öl und einer Prise Salz mischen und gut durchkneten.
2. Den Teig zu einer Kugel formen, mit etwas Öl bestreichen, in Frischhaltefolie wickeln und mindestens 30 Minuten ruhen lassen.
3. In der Zwischenzeit die Kartoffeln schälen, waschen und in etwa 20 Minuten gar kochen. Anschließend abkühlen lassen, zerdrücken und mit dem Sauerkraut mischen. Die Masse mit Muskatnuss, Salz, Pfeffer, Kümmel und Paprikapulver abschmecken.
4. Den Backofen auf 180 °C vorheizen.
5. Den Teig nochmals durchkneten, auf einem großen, mit Mehl bestäubten Tuch zu einem Rechteck ausrollen und mit dem bemehlten Handrücken vorsichtig dünn ausziehen.
6. Die Füllung in die Mitte des Strudelteiges geben und gleichmäßig verteilen, dabei an den Seiten jeweils einen Rand lassen.
7. Danach die kürzeren Seiten nach innen einschlagen und den Teig von der Längsseite her zusammenrollen.
8. Den Strudel mithilfe des Tuches mit der Naht nach unten auf ein mit Backpapier belegtes Backblech legen.
9. Mit Wasser bepinseln und etwa 20 Minuten im vorgeheizten Ofen goldbraun backen.

Zwiebel-Lauch-Muffins

ZUBEREITUNGSZEIT:
ca. 40 Minuten

FÜR 20 STÜCK:

1 große Zwiebel
1 Stange Lauch
Öl zum Braten
250 g Maismehl
3 EL Pfeilwurzmehl
1 Pck. Backpulver
100 g veganer Käse
300 ml Gemüsebrühe
Salz
Pfeffer aus der Mühle
frisch geriebene Muskatnuss

1. Den Backofen auf 180 °C vorheizen.
2. Die Zwiebel schälen und fein würfeln. Den Lauch putzen, in feine Ringe schneiden, gut waschen und abtropfen lassen. Das Öl in einer Pfanne erhitzen, Zwiebeln und Lauch darin andünsten.
3. In der Zwischenzeit das Maismehl mit Pfeilwurzmehl, Backpulver, Käse und Gemüsebrühe zu einem Teig verrühren und diesen mit Salz, Pfeffer und Muskatnuss abschmecken.
4. Papierförmchen in eine Muffinbackform setzen.
5. Den Lauch und die Zwiebeln hinzugeben, unterrühren und je 2 Esslöffel der Masse in Muffinförmchen füllen.
6. Die Muffins im vorgeheizten Ofen etwa 25 Minuten goldgelb backen.

Warm oder kalt:

Die Muffins schmecken vorzüglich warm, können aber auch abgekühlt genossen und zu einem Winterpicknick mitgenommen werden. Dau passt ein Salat, z.B. der warme Pilzsalat (Seite 39).

Ausgebackene Schwarzwurzeln

ZUBEREITUNGSZEIT:
ca. 30 Minuten

FÜR 2 PORTIONEN:

300 g Schwarzwurzeln
Saft von ½ Zitrone
5 EL Senf
½ TL Currypulver
½ TL gemahlene Kurkuma
Salz
Pfeffer aus der Mühle
70 g Maisflakes
25 g Maismehl
Öl zum Braten

1. Die Schwarzwurzeln unter fließendem Wasser abbürsten, schälen und in etwa 15 cm lange Stücke schneiden. Dabei am besten Handschuhe tragen.
2. Die Stücke mit dem Zitronensaft beträufeln.
3. Den Senf mit Curry und Kurkuma mischen, mit Salz und Pfeffer abschmecken. Sollte die Konsistenz zu dick sein, mit etwas Wasser verrühren. Die Maisflakes mit den Händen grob zerdrücken und auf einen flachen Teller geben.
4. Das Maismehl ebenso auf einen flachen Teller geben.
5. Die Schwarzwurzelstücke zunächst in Maismehl, danach in der Senfsauce und zum Schluss in den Flakes wälzen.
6. Reichlich Öl in einer großen Pfanne erhitzen, die panierten Schwarzwurzeln in heißem Öl ausbacken, auf einem Küchenpapier abtropfen lassen und heiß servieren.

TIPP:

Dazu passt Kartoffelpüree oder Salzkartoffeln.

Paprikakraut

ZUBEREITUNGSZEIT:
ca. 30 Minuten

FÜR 2 PORTIONEN:

½ Weißkohl
1 kleine Zwiebel
1 Knoblauchzehe
Öl zum Braten
3 EL Tomatenmark
1 EL Zucker
Saft von ½ Zitrone
500 ml Gemüsebrühe
1 TL Paprikapulver edelsüß
2 getrocknete Lorbeerblätter
1 EL Kümmelsamen
1 EL Fenchelsamen
Salz, Pfeffer aus der Mühle

1. Den Kohl putzen, in Streifen schneiden und waschen.
2. Die Zwiebel sowie die Knoblauchzehe schälen und klein würfeln.
3. Kohl, Zwiebel und Knoblauch in etwas Öl gut andünsten, das Tomatenmark hinzugeben und anschließend mit etwas Zucker karamellisieren.
4. Danach mit dem Zitronensaft ablöschen, mit Gemüsebrühe aufgießen und die Gewürze sowie die Lorbeerblätter hinzugeben.
5. Alles etwa 20 Minuten bei geringer Hitze kochen.
6. Anschließend die Lorbeerblätter entfernen, das Gericht mit Salz und Pfeffer abschmecken und heiß servieren.

Sellerieschnitzel mit Petersilienkartoffeln

ZUBEREITUNGSZEIT:
ca. 45 Minuten

FÜR 4 PORTIONEN:

10 kleine Kartoffeln
1 kleiner Knollensellerie
Salz
100 g Dinkelvollkornmehl
250 ml Dinkelcuisine
100 g Dinkelbrösel
1 Bund Petersilie
3 EL pflanzliche Butter
Öl zum Braten

1. Die Kartoffeln in der Schale in etwa 20 Minuten gar kochen.
2. Inzwischen den Knollensellerie schälen, in etwa 1 cm dicke Scheiben schneiden und in Salzwasser etwa 10 Minuten lang kochen.
3. Mehl, Dinkelcuisine und Brösel jeweils in einen tiefen Teller geben.
4. Die gegarten Kartoffeln abgießen, abkühlen lassen und schälen.
5. Die gegarten Selleriescheiben aus dem Wasser nehmen und gut trockentupfen.
6. Die Petersilie waschen, trockentupfen und hacken. Die Butter in einer Pfanne zerlassen, die Petersilie und etwas Salz hinzugeben, die Kartoffeln darin schwenken und anschließend warm stellen.
7. In einer Pfanne reichlich Öl erhitzen.
8. Die Selleriescheiben zuerst im Mehl, dann in der Cuisine und anschließend in den Bröseln wälzen und in der Pfanne goldgelb backen.
9. Die panierten Selleriescheiben mit Küchenpapier abtupfen und zusammen mit den Petersilienkartoffeln heiß servieren.

Zwiebel-Stockbrot

ZUBEREITUNGSZEIT:
ca. 10 Minuten
+ 1 Stunde Gehzeit

FÜR CA. 8 PORTIONEN:

1 Zwiebel
2 EL Schmalz (z. B. Rezept Seite 147 oder Seite 151)
½ Würfel Hefe
1 TL Apfelsüße
200 g Dinkelmehl Type 630
50 g Kastanienmehl
1 TL Salz

1. Die Zwiebel schälen und fein würfeln. Das Schmalz in einer Pfanne erhitzen und die Zwiebel darin kräftig andünsten.
2. Die Hefe mit der Apfelsüße in 120 ml lauwarmem Wasser auflösen.
3. Das Dinkel- und das Kastanienmehl mischen, das Salz dazugeben.
4. Die gedünsteten Zwiebeln mit dem noch flüssigen Schmalz und der aufgelösten Hefe zum Mehl geben und alles zu einem geschmeidigen Teig verkneten.
5. Mit einem feuchtem Tuch bedecken und an einem warmen Ort etwa 1 Stunde gehen lassen. Danach nochmals durchkneten.
6. Am Lagerfeuer wird nun die gewünschte Menge Brotteig (nicht zu viel nehmen) zu einer dünnen Rolle geformt, um einen vorbereiteten Stock gewunden und über dem Feuer gegart.

Süßes Stockbrot

ZUBEREITUNGSZEIT:
ca. 10 Minuten
+ 1 Stunde Gehzeit

FÜR CA. 10 PORTIONEN:

½ Würfel Hefe
2 EL Apfelsüße
130 ml Haferdrink, lauwarm
250 g Dinkelmehl Type 630
1 Prise Salz
50 g getrocknete Cranberrys
50 g backfeste vegane Schokotropfen

1. Die Hefe mit der Apfelsüße im lauwarmen Haferdrink auflösen.
2. Das Mehl mit dem Salz mischen, die Cranberrys und die Schokotropfen dazugeben und untermischen.
3. Die aufgelöste Hefe zur Mehlmischung geben und alles zu einem geschmeidigen Teig verkneten.
4. Mit einem feuchtem Tuch bedecken und an einem warmen Ort etwa 1 Stunde gehen lassen. Danach nochmals durchkneten.
5. Am Lagerfeuer wird nun die gewünschte Menge Brotteig (nicht zu viel nehmen) zu einer dünnen Rolle geformt, um einen vorbereiteten Stock gewunden und über dem Feuer gegart.

Wirsingnudeln

ZUBEREITUNGSZEIT:
ca. 50 Minuten

FÜR 4 PORTIONEN:

4 Dinkelzwieback
1 große Zwiebel
500 g Wirsing
Öl zum Braten
1 Würfel Gemüsebrühe
250 g Dinkelbandnudeln
2 EL Hefeflocken
½–1 TL Salz
20 g Dinkelmehl Type 630
100 ml Hafercuisine
Pfeffer aus der Mühle

1. Den Zwieback fein zerbröseln.
2. Die Zwiebel schälen und würfeln. Den Wirsing putzen, waschen und klein schneiden.
3. Etwas Öl in einem Topf oder einer großen Pfanne erhitzen. Die Zwiebel darin glasig dünsten und den Wirsing dazugeben. Kurz andünsten.
4. Mit 1 Liter Wasser ablöschen, den Brühwürfel dazugeben und den Wirsing 20–25 Minuten garen.
5. Inzwischen die Bandnudeln nach Packungsanleitung bissfest kochen, sodass sie gleichzeitig mit dem Wirsing gar sind.
6. Den Wirsing abgießen, die Garflüssigkeit auffangen. Wirsing in eine große Schüssel geben. Die Bandnudeln abgießen und dazugeben.
7. 300 ml der Garflüssigkeit mit Hefeflocken, Salz, Mehl und Hafercuisine unter Rühren aufkochen und über die Wirsing-Nudel-Mischung geben. Alles gut miteinander mischen.
8. Die Wirsingnudeln auf Tellern anrichten und mit Zwiebackbröseln und Pfeffer bestreut servieren.

Süsses
zum Dahinschmelzen

Birnen-Schokoladen-Muffins

ZUBEREITUNGSZEIT:
ca. 40 Minuten

FÜR 8 STÜCK:

2 Birnen
100 ml veganer Weißwein
200 g Rohrohrzucker
2 EL Zitronensaft
1 TL gemahlene Vanille
200 g vegane Zartbitterschokolade
150 g vegane Butter
3 EL Apfelmus
170 g Dinkelmehl Type 630
1 TL Weinsteinbackpulver
1 EL Kakaopulver

1. Die Birnen waschen, trockentupfen, vierteln und entkernen.
2. In einen kleinen Topf den Weißwein erhitzen, 100 g Zucker, den Zitronensaft und das Vanillepulver dazugeben und die Birnenviertel 5 Minuten darin blanchieren.
3. Die Birnen herausnehmen und abtropfen lassen. Den Sud sirupartig einkochen.
4. Den Backofen auf 180 °C vorheizen. Papierförmchen in eine Muffinbackform setzen.
5. Die Schokolade hacken und zusammen mit der Butter über einem Wasserbad schmelzen lassen, das Apfelmus dazugeben und unterrühren.
6. Mehl mit Backpulver, Kakao und restlichem Zucker mischen und zusammen mit der Schokoladenmasse zu einem cremigen Teig verarbeiten.
7. Den Teig in die Förmchen geben, jeweils 1 Birnenviertel in den Teig drücken und 20–25 Minuten im vorgeheizten Ofen backen.
8. Die Muffins herausnehmen, mit dem Sirup beträufeln und noch warm servieren.

Apfel-Hirse-Auflauf

ZUBEREITUNGSZEIT:
ca. 50 Minuten

FÜR 4-6 PORTIONEN:

300 g Goldhirse
2 große Äpfel
30 g Zucker
50 g gemahlene Haselnüsse
250 ml Mandelcuisine
(alternativ Mandelsahne)
Zimt
frisch geriebene Muskatnuss
gemahlene Nelken
gemahlener Kardamom
vegane Butter für die Form
3 EL aufschlagbares Ei-Ersatzpulver

1. Die Goldhirse in einem Sieb abspülen und in reichlich Wasser 15 Minuten kochen.
2. Den Backofen auf 180 °C vorheizen.
3. Während die Hirse kocht, die Äpfel schälen, fein würfeln und mit Zucker, den gemahlenen Haselnüssen und der Mandelcuisine mischen. Die Masse anschließend mit den Gewürzen abschmecken.
4. Eine Auflaufform mit Butter ausfetten. Das Ei-Ersatzpulver mit Wasser nach Packungsanleitung aufschlagen.
5. Die Hirse mit der Apfelmasse mischen, den Ei-Ersatz unterheben, alles in die Auflaufform geben und etwa 30 Minuten im vorgeheizten Ofen backen. Den Auflauf in der Form heiß servieren.

Alternativer Ei-Ersatz:

Wer kein Ei-Ersatzpulver zur Verfügung hat, kann dieses durch 3 Esslöffel Pfeilwurzmehl oder Kichererbsenmehl ersetzen. Das Mehl wird ebenfalls in etwas Wasser angerührt, sodass eine dickflüssige Masse entsteht.

Wintermüsli mit Birnen-Pflaumen-Mus

ZUBEREITUNGSZEIT:
ca. 25 Minuten

FÜR 4 PORTIONEN:

300 G MÜSLI-GRUNDMISCHUNG:
50 g Dinkelflocken
50 g Haferflocken
50 g Rosinen
40 g Braunhirse-Flakes
30 g gehackte Walnüsse
30 g Cranberrys
25 g gepuffte Braunhirse
25 g gepuffte Hirse

BIRNEN-PFLAUMEN-MUS:
2 Birnen
6 Dörrpflaumen
½ TL Lebkuchen- oder Spekulatiusgewürz (Rezepte S. 143)
½ TL abgeriebene Schale von 1 Bio-Zitrone
½ TL abgeriebene Schale von 1 Bio-Orange

1. Alle Zutaten für die Müslimischung gut miteinander vermengen und in einem Schraubglas luftdicht verschlossen aufbewahren.
2. Für das Birnen-Pflaumen-Mus die Birnen waschen, schälen und das Kerngehäuse entfernen.
3. Die Birnen klein schneiden und zusammen mit den Dörrpflaumen, dem Gewürz, der abgeriebenen Zitrusfruchtschale und 2 Esslöffeln Wasser in einen kleinen Topf geben und bei mäßiger Hitze etwa 8 Minuten kochen.
4. Die Birnen-Pflaumen-Masse pürieren und zum Frühstücksmüsli servieren.

Lebkuchen

ZUBEREITUNGSZEIT:
ca. 50 Minuten

FÜR CA. 24 STÜCK:

3 EL Hagebuttenmarmelade
150 g Puderzucker
200 g Marzipan
90 g Mandeln
80 g Walnüsse
80 g Haselnüsse
½ TL Zimt
½ TL gemahlene Nelken
je 1 Msp. gemahlener Muskat, Koriander, Kardamom
70 g Dinkelmehl Type 630
1 Prise Salz
1½ TL Backpulver
ca. 24 glutenfreie Oblaten
(77 mm Ø,
siehe Bezugsquellen Seite 157)

GLASUR:

100 g vegane Zartbitterschokolade
Mandeln und Haselnüsse nach Belieben zum Verzieren

1. Den Backofen auf 160 °C vorheizen.
2. In einem kleinen Topf die Marmelade und den Zucker mit 50 ml Wasser bei geringer Hitze erwärmen.
3. Das Marzipan in kleine Flocken reißen und in den Topf geben. Die Masse glatt rühren.
4. Die Mandeln, die Walnüsse und die Haselnüsse fein mahlen.
5. Den Zimt, die Nelken, den Muskat, den Koriander und den Kardamom in einer Pfanne rösten, bis sie anfangen zu duften.
6. Die gemahlenen Mandeln und Nüsse dazugeben, alles miteinander mischen und nochmals anrösten.
7. Das Mehl, das Salz und das Backpulver in einer Schüssel miteinander mischen, die Nuss-Gewürz-Mischung dazugeben und unterrühren.
8. Die Marzipanmasse mit der Mehlmischung zu einem Teig verarbeiten.
9. Mit einem Esslöffel den Teig auf die Oblaten streichen und die Lebkuchen 20 Minuten im vorgeheizten Ofen backen, bis sie an den Rändern braun werden. Vollständig auf einem Kuchengitter abkühlen lassen.
10. Die Schokolade hacken und über einem Wasserbad schmelzen. Die Lebkuchen mit der Schokolade bepinseln und nach Belieben mit Mandeln und Haselnüssen verzieren.

Cranberrygelee mit Vanillecreme

ZUBEREITUNGSZEIT:
ca. 20 Minuten
+ 1½ -2 Stunden Ruhezeit

FÜR 4 PORTIONEN:

GELEE:
250 ml Cranberrysaft
250 ml naturtrüber Apfelsaft
2 TL getrocknete Zimtblüten
5 g Agar-Agar

CREME:
50 g weiße Reismilchschokolade
100 ml Reis- oder Hafercuisine
½ TL gemahlene Vanille

1. Den Cranberrysaft und den Apfelsaft in einen kleinen Topf gießen, die Zimtblüten dazugeben und alles erwärmen (nicht kochen!). Den Topf vom Herd nehmen und 30 Minuten bis 1 Stunde ziehen lassen.
2. Die Zimtblüten entfernen.
3. Nun das Agar-Agar dazugeben, unter Rühren kurz aufkochen lassen und die Masse in vorbereitete Dessertgläser füllen. Vorher eine Gelierprobe machen, falls die Masse noch nicht geliert, nochmal unter Rühren aufkochen.
4. Das Gelee ausdampfen lassen, dann in den Kühlschrank stellen und mindestens 1 Stunde fest werden lassen.
5. Die Schokolade fein hacken und über einem Wasserbad schmelzen.
6. Reis- oder Hafercuisine und Vanillepulver dazugeben und alles gut miteinander vermengen.
7. Die Geleetörtchen vorsichtig aus den Formen lösen und auf Dessertteller stürzen.
8. Mit der warmen Vanillecreme übergießen und servieren.

Der Saft ist entscheidend:

Die Saftmischung sollte nach dem Ziehenlassen wie ein köstlicher, starker Punsch schmecken. Das Gelingen des Desserts steht und fällt mit dem Geschmack des Saftes. Wenn Sie naturbelassenen Cranberrysaft nehmen, kann dieser sehr sauer sein. In diesem Fall bitte mit einem Süßungsmittel ihrer Wahl abschmecken.

Mini-Chai-Napfkuchen

ZUBEREITUNGSZEIT:
ca. 50 Minuten

FÜR 6–8 KLEINE NAPFKUCHEN:

Öl für die Backförmchen
180 g Dinkelmehl Type 630
50 g Mandeln
60 g Rohrohrzucker
1 EL Chaigewürz
1 EL Weinsteinbackpulver
100 ml Haselnussdrink
20 ml Rapsöl
2 EL Kaffee aus Instantpulver oder Espresso
50 g vegane Zartbitterschokolade
30 g Nougat

1. Den Backofen auf 180 °C vorheizen und Muffinförmchen mit Öl ausstreichen (alternativ mit Papierförmchen auslegen).
2. Das Mehl mit Mandeln, Zucker, Chaigewürz und Backpulver mischen.
3. Den Haselnussdrink mit dem Öl und dem Kaffee verrühren und zu der Mehlmischung geben.
4. Den Teig in die Förmchen füllen und etwa 25 Minuten im vorgeheizten Ofen backen. Die Minikuchen erst in den Förmchen, dann auf einem Kuchengitter vollständig abkühlen lassen.
5. Die Schokolade fein hacken und zusammen mit dem Nougat über einem Wasserbad schmelzen. Die Kuchen damit bestreichen und die Glasur fest werden lassen.

Gewürz aus dem Teebeutel:

Um Chaigewürz zu erhalten, einfach einen Chaiteebeutel öffnen und den Inhalt verwenden.

Hefestuten mit Birnenkompott

ZUBEREITUNGSZEIT:
*ca. 1¼ Stunden
+ 30 Minuten Gehzeit*

FÜR 1 KASTENFORM (30 CM LÄNGE):

KOMPOTT:
½ TL gemahlener Kardamom
½ TL Zimt
4 Nelken
50 g Rosinen
2 EL Birkenzucker
500 g Birnen
1 EL Zitronensaft

STUTEN:
125 ml Birnen- oder Apfelsaft, lauwarm
1 EL Ahornsirup
1 Würfel Hefe
4 EL Rapsöl
500 g Dinkelmehl Type 630
1 Prise Salz

SCHOKO-VARIATION:

Vor dem Zusammenrollen können Sie Schokoladensirup auf dem Kompott verteilen und den Stuten vor dem Servieren noch mit Schokoladensauce übergießen.

1. Für das Kompott in einem kleinen Topf 250 ml Wasser, Kardamom, Zimt, Nelken, Rosinen und den Birkenzucker miteinander mischen.
2. Birnen schälen, vom Kerngehäuse befreien, würfeln und dazugeben.
3. Das Ganze bei mittlerer Hitze etwa 15 Minuten einkochen lassen. Es sollte eine sämige Masse entstanden sein. Stückchen im Kompott sind durchaus erwünscht.
4. Den Topf vom Herd nehmen und den Zitronensaft dazugeben, umrühren und beiseite stellen. Das Kompott sollte Zeit zum Durchziehen haben, während der Stuten zubereitet wird.
5. Für den Stuten den Fruchtsaft und 125 ml lauwarmes Wasser mit dem Ahornsirup mischen und die Hefe darin auflösen. Öl dazugeben.
6. Mehl mit Salz in einer Schüssel mischen, die Flüssigkeit dazugeben und alles zu einem geschmeidigen Hefeteig kneten.
7. Den Teig mit Wasser besprühen, abdecken und etwa 30 Minuten an einem warmen Ort gehen lassen.
8. Den Backofen auf 180 °C vorheizen.
9. Die Nelken aus dem Kompott entfernen und nochmals durchrühren.
10. Den Teig auf einer bemehlten Fläche ausrollen (ca. 40 x 30 cm groß) und mit dem Kompott bestreichen.
11. Den Teig nun von der langen Seite her zusammenrollen. Mit der Naht nach unten legen und mit 3 cm Abstand vom oberen Rand mittig durchschneiden. Die beiden Stränge nun miteinander verschlingen.
12. Den Zopf in eine Kastenform geben, dabei die Enden unter dem Zopf verstecken.
13. Im vorgeheizten Ofen 35–40 Minuten backen. Zunächst in der Form, dann auf einem Kuchengitter abkühlen lassen. Dazu passt Vanillesauce.

Maronitartelettes

ZUBEREITUNGSZEIT:
ca. 45 Minuten
+ 15 Minuten Ruhezeit

FÜR 12 STÜCK:

50 g vegane Margarine
und Margarine für die Förmchen
200 g Dinkelmehl Type 630
und Mehl zum Ausrollen
50 g Zucker
1 Pck. Backpulver
150 ml Haselnussdrink
400 g ungesüßtes Maronenpüree
Agavendicksaft nach Geschmack
Mark von 1 Vanilleschote
1 Prise geriebene Tonkabohne
100 g vegane Zartbitterschokolade
12 Haselnüsse

1. Das Backofen auf 180 °C vorheizen.
2. Zwölf Mini-Tarteförmchen mit etwas Margarine ausfetten.
3. Das Mehl mit Zucker, Margarine, und Backpulver vermengen.
4. Den Haselnussdrink hinzugeben, alles zu einem glatten Teig verrühren und diesen in Frischhaltefolie gewickelt etwa 15 Minuten in den Kühlschrank legen.
5. Das Maronenpüree mit Agavendicksaft nach Geschmack süßen, die Vanille sowie 1 Prise gemahlene Tonkabohne hinzugeben.
6. Den Teig aus dem Kühlschrank nehmen und auf einer bemehlten Arbeitsfläche ausrollen.
7. Anschließend 12 Kreise ausstechen, die etwa 1 cm größer als die Tarteförmchen sein sollten.
8. Die Förmchen mit dem Teig auskleiden und dabei einen Rand formen.
9. Anschließend die Maronimasse gleichmäßig auf dem Teig verteilen und die Tartelettes etwa 20 Minuten im vorgeheizten Ofen backen. Auf einem Kuchengitter abkühlen lassen.
10. In der Zwischenzeit die Schokolade über einem Wasserbad schmelzen.
11. Die Tartelettes mit Schokolade glasieren und mit je 1 Haselnuss verzieren.

Hocharomatisch:

Die Tonkabohne wird aufgrund ihres besonderen Aromas, einer Mischung aus Bittermandel und Vanille, speziell in Desserts sehr geschätzt.

Kürbiscreme mit Apfel

ZUBEREITUNGSZEIT:
30 Min. + 1 Std . Kühlzeit

FÜR 4 PORTIONEN:

500 g Äpfel
500 g Kürbisfleisch (z.B. Hokkaido)
100 g Birkenzucker oder brauner Rohrzucker
2 EL Apfelsaft
200 ml aufschlagbare vegane Sahne
1 TL Zimt und Zimt zum Bestäuben

1. Die Äpfel schälen und entkernen, zusammen mit dem Kürbisfleisch in kleine Würfel schneiden.
2. Die Würfel mit Zucker, Zimt und Apfelsaft in einen kleinen Topf geben und aufkochen lassen.
3. Unter Rühren bei mittlerer Hitze etwa 10 Minuten kochen lassen, danach pürieren und mindestens 1 Stunde kalt stellen.
4. Die vegane Sahne steif schlagen.
5. Im Wechsel Kürbiscreme und Sahne in Dessertgläser schichten und mit Zimt bestäuben.

Einfach und köstlich:

Für dieses Rezept hat Miriam Emme ein Gericht ihrer Freundin Verena Arendes abgewandelt. Verena ist eine Zauberin, was Kürbis- und Kräutergerichte angeht.

Cranberrymuffins

ZUBEREITUNGSZEIT:
ca. 45 Minuten

FÜR 12 MUFFINS:

etwas Öl für die Förmchen
2 Tassen Dinkelmehl Type 630
½ Tasse Zucker
1 Tasse gemahlene Mandeln
1 Pck. Weinsteinbackpulver
1 Tasse Mandeldrink
¼ Tasse Sonnenblumenöl
Mark von 1 Vanilleschote
1 Tasse frische Cranberrys

1. Den Backofen auf 180 °C vorheizen.
2. Die Muffinförmchen mit etwas Öl ausstreichen.
3. Das Mehl mit dem Zucker, den gemahlenen Mandeln und dem Backpulver mischen.
4. Den Mandeldrink, das Öl sowie das Vanillemark hinzugeben und alles zu einem glatten Teig verrühren.
5. Die Cranberrys unterheben, die Masse in die Förmchen füllen und etwa 35 Minuten im vorgeheizten Ofen backen.
6. Die Muffins in der Form auf einem Kuchengitter abkühlen lassen, dann herausnehmen.

Mandarinen-Quark-Tarte

ZUBEREITUNGSZEIT:
ca. 45 Minuten
+ 30 Minuten Ruhezeit

FÜR 1 TARTEFORM (28 CM Ø):

30 g vegane Margarine und
Margarine für die Form
150 g Dinkelmehl Type 630
30 g Zucker
1 Pck. Weinsteinbackpulver
100 ml Mandeldrink
400 g veganer Quark
auf Mandelbasis
100 g gemahlene Mandeln
1 TL abgeriebene Schale
von 1 Bio-Orange
Mark von 1 Vanilleschote
Agavendicksaft nach Geschmack
3 Mandarinen
1 Handvoll Mandelblättchen

1. Die Tarteform mit etwas Margarine ausfetten.
2. Das Mehl mit dem Zucker, der Margarine und dem Backpulver mischen.
3. Den Mandeldrink hinzugeben, alles zu einem glatten Teig verrühren und diesen in Frischhaltefolie verpackt etwa 30 Minuten in den Kühlschrank legen.
4. Den Backofen auf 180 °C vorheizen.
5. Den Mandelquark mit den gemahlenen Mandeln, der Orangenschale und dem Vanillemark verrühren und die Masse nach Geschmack mit Agavendicksaft süßen.
6. Den Teig aus dem Kühlschrank nehmen und auf einer bemehlten Arbeitsfläche kreisrund ausrollen (etwa 3 cm größer als die Tarteform).
7. Die Form mit dem Teig auskleiden und dabei einen Rand formen.
8. Anschließend die Quarkmasse gleichmäßig darauf verteilen.
9. Die Mandarinen schälen, die Tarte mit den Spalten sowie den Mandelblättchen belegen und etwa 30 Minuten im vorgeheizten Ofen backen. Die Tarte erst in der Form, dann auf einem Kuchengitter abkühlen lassen.

Apfelbrot

ZUBEREITUNGSZEIT:
ca. 2 Stunden
+ 12 Stunden Ruhezeit

FÜR 2 FRÜCHTEBROTE:

3 mittelgroße Äpfel
100 g getrocknete Aprikosen
50 g Walnüsse
50 g Haselnüsse
50 g Mandeln
70 g Rosinen
50 g Cranberrys
80 g Rohrohrzucker
1 TL Zimt
½ TL gemahlene Nelken
1 EL Kakaopulver
2 EL Apfelsaft
220 g Dinkelmehl Type 630
1 Prise Salz
1 Pck. Weinsteinbackpulver

1. Die Äpfel waschen, entkernen und grob raspeln oder in feine Stiftchen schneiden.
2. Die Aprikosen klein schneiden und die Nüsse und Mandeln grob hacken.
3. Die vorbereiteten Zutaten in eine große Schüssel geben und mit Rosinen, Cranberrys, Zucker, Zimt, Nelken, Kakaopulver und Apfelsaft mischen. Über Nacht zugedeckt im Kühlschrank gut durchziehen lassen.
4. Am nächsten Tag den Backofen auf 150–160 °C vorheizen.
5. Mehl, Salz und Backpulver mischen, zu den übrigen Zutaten geben und alles gut durchkneten, bis ein zäher Teig entstanden ist.
6. Den Teig halbieren und daraus 2 Brotlaibe formen (die Laibe mit feuchten Händen in Form bringen) und auf ein mit Backpapier ausgelegtes Backblech leben.
7. Im vorgeheizten Ofen etwa 1½ Stunden backen. Die Apfelbrote auf einem Kuchengitter vollständig abkühlen lassen.

Fruchtiger Teepunsch:

Probieren Sie zum Apfelbrot doch mal diesen Punsch:
Für 1 l Punsch 800 ml Wasser in einem Topf zum Kochen bringen, vom Herd nehmen. 200 ml roten Traubensaft, 1–2 Teelöffel Glühweingewürz, 1 Zimtstange und die dünn abgeschälte Schale von ½ Orange dazugeben und 30 Minuten ziehen lassen. Bis knapp unter den Siedepunkt erhitzen, die Gewürze und die Schalen entfernen. Mit einer kleinen Ausstechform aus einer Apfelscheibe Sternchen ausstechen und in den Punsch geben. Heiß servieren.

Birnen-Gewürz-Strudel

ZUBEREITUNGSZEIT:
*45 Minuten
+ 30 Minuten Ruhezeit*

FÜR 8 STÜCKE:

*250 g Dinkelmehl Type 630
und etwas Mehl zum Ausziehen
2 EL Öl und etwas Öl zum Bestreichen
4 Birnen
50 g vegane Margarine
5 EL Zucker
100 g gemahlene Haselnüsse
50 g Walnüsse, gehackt
3 EL Lebkuchen-Gewürzmischung
(siehe Rezept Seite 143)
Puderzucker zum Bestauben*

1. Das Mehl mit 125 ml warmem Wasser und dem Öl mischen und gut durchkneten.
2. Den Teig zu einer Kugel formen, mit etwas Öl bestreichen, in Frischhaltefolie wickeln und mindestens 30 Minuten ruhen lassen.
3. Inzwischen die Birnen schälen, vierteln, entkernen und in feine Scheiben schneiden.
4. Die Margarine zerlassen, die Birnenscheiben darin andünsten und anschließend den Zucker, die Nüsse sowie das Lebkuchengewürz hinzugeben. Die Masse abkühlen lassen.
5. Den Backofen auf 180 °C vorheizen.
6. Den Strudelteig aus der Folie nehmen, nochmals durchkneten und auf einem großen, mit Mehl bestäubten Tuch zu einem Rechteck ausrollen.
7. Danach mit bemehlten Händen vorsichtig dünn ausziehen.
8. Die Füllung in die Mitte des Strudelteiges geben und gleichmäßig verteilen, dabei an den Seiten jeweils einen Rand von etwa 2 cm lassen.
9. Danach die kürzeren Seiten nach innen einschlagen und den Teig von der Längsseite her zusammenrollen.
10. Den Strudel mithilfe des Tuches mit der Naht nach unten auf ein mit Backpapier belegtes Backblech geben.
11. Mit Wasser bepinseln und etwa 20 Minuten im vorgeheizten Ofen goldbraun backen.
12. Den Strudel etwas abkühlen lassen und mit Puderzucker bestaubt servieren.

Walnusskuchen

ZUBEREITUNGSZEIT:
ca. 35 Minuten

FÜR 1 SPRINGFORM (22 CM Ø):

*100 g vegane Butter
und Butter für die Form
100 g Walnüsse
50 g Mandeln
120 g Zucker
150 ml Hafercuisine
3 EL Hagebuttenmarmelade
150 g Dinkelmehl Type 630
1 Pck. Weinsteinbackpulver*

1. Die Springform mit Butter fetten und den Boden mit Backpapier auslegen. Den Backofen auf 180 °C vorheizen.
2. Die Walnüsse und die Mandeln fein hacken.
3. Die Butter bei mäßiger Hitze zerlassen. Zucker, Hafercuisine und Hagebuttenmarmelade dazugeben und alles gut miteinander mischen.
4. Die Walnüsse und die Mandeln mit dem Mehl und dem Backpulver mischen, die flüssigen Zutaten dazugeben.
5. Alles gut miteinander mischen, den Teig in die Springform geben und glatt streichen.
6. Den Walnusskuchen im vorgeheizten Ofen etwa 25 Minuten backen. Anschließend erst in der Form, dann auf einem Kuchengitter vollständig abkühlen lassen.

Perfekter Begleiter:

Zum Nusskuchen passt ein aromatischer roter Glühwein: Für etwa 1 l Glühwein 750 ml Rotwein und 250 ml roten Traubensaft in einen Topf gießen. Ein wenig von der Flüssigkeit abnehmen und darin 50 g Rosinen einweichen. ½ Vanilleschote längs aufschneiden und das Mark herauskratzen, Schote und Mark in den Topf geben. Etwa 5 Esslöffel Rübensirup (nach Geschmack mehr), 1 Sternanis, 4 Gewürznelken und 1-2 Teelöffel Glühweingewürz zufügen und etwa 30 Minuten ziehen lassen. Den Glühwein bis knapp unter den Siedepunkt erhitzen und die Gewürze entfernen. Die Rosinen dazugeben und heiß servieren.

Dattel-Haselnuss-Cake-Pops

ZUBEREITUNGSZEIT:
ca. 15 Minuten
+ 1 Stunde Ruhezeit

FÜR CA. 15 CAKE-POPS:

200 g entsteinte, getrocknete Datteln
50 g gemahlene Haselnüsse
2 EL Kakaopulver
1 EL Haselnussmus (alternativ Mandelmus oder Erdnussbutter)
25 g Haselnüsse, gehackt
15 Cake-Pop-Stiele

1. Die Datteln zusammen mit den gemahlenen Haselnüssen, dem Kakaopulver und dem Haselnussmus in einem leistungsstarken Mixer pürieren. Bei Bedarf (hängt von der Frische bzw. dem Wassergehalt der Datteln ab) etwas Wasser hinzugeben, bis eine formbare Konsistenz erreicht ist.
2. Die Masse für etwa 1 Stunde abgedeckt in den Kühlschrank stellen.
3. Anschließend aus der Masse 15 Kugeln formen, diese in den gehackten Haselnüssen wälzen und auf Cake-Pop-Stielen servieren.

Maronenschnitten

ZUBEREITUNGSZEIT:
ca. 30 Minuten

FÜR CA. 10 STÜCK:

200 g vorgegarte Maronen
100 g gehobelte Mandeln
1 TL abgeriebene Schale von 1 Bio-Zitrone
1 TL Zimt
2 TL Kakao
60 g Puderzucker
50 g Haselnüsse, gehackt
50 g Zuckerrübensirup
ca. 20 glutenfreie Oblaten (10 cm Ø, siehe Bezugsquellen Seite 157)

1. Den Backofen auf 160 °C vorheizen.
2. Die Maronen mit den Mandeln, der abgeriebenen Zitronenschale, Zimt, Kakao und Puderzucker in einem leistungsstarken Mixer klein häckseln.
3. Die Masse in einer Schüssel mit den gehackten Haselnüssen, dem Zuckerrübensirup und 3 Esslöffeln Wasser zu einem Teig verarbeiten.
4. Den Teig mit Hilfe von angefeuchteten Teelöffeln jeweils auf eine Oblate geben und gut verteilen. Mit einer zweiten Oblate abdecken.
5. Die gefüllten Oblaten auf ein mit Backpapier belegtes Blech setzen und im vorgeheizten Ofen etwa 20 Minuten backen, bis sich die Oblaten leicht braun färben.
6. Die Maronenschnitten auf einem Kuchengitter abkühlen lassen und nach Wunsch in Viertel schneiden.

Saftiger Kürbiskuchen

ZUBEREITUNGSZEIT:
ca. 1¼ Stunde
+ 30 Minuten Trockenzeit

FÜR 1 KASTENFORM (30 CM LÄNGE):

vegane Butter für die Form
250 g Butternusskürbis-Fruchtfleisch
1 Tasse Dinkelmehl Type 630
1 Tasse gemahlene Mandeln
½ Tasse Zucker
1 Pck. Weinsteinbackpulver
½ TL gemahlener Kardamom
½ TL Zimt
½ TL gemahlener Ingwer
1 Tasse Mandelmilch
150 g Zartbitterschokolade
5 EL Kürbiskerne, gehackt

1. Den Backofen auf 180 °C vorheizen und eine Kastenform (30 cm Länge) mit etwas Butter ausfetten.
2. Den Kürbis schälen, entkernen, das Fruchtfleisch fein reiben und 250 g abwiegen.
3. Das Mehl, die Mandeln, den Zucker, das Backpulver sowie die Gewürze gut mischen.
4. Den geriebenen Kürbis und die Mandelmilch einrühren, bis ein glatter Teig entsteht. Diesen in die Form füllen, glatt streichen und etwa 45 Minuten backen.
5. Den Kuchen erst in der Form, dann auf einem Kuchengitter abkühlen lassen. In der Zwischenzeit die Schokolade über einem Wasserbad schmelzen.
6. Den Kuchen mit der Glasur bestreichen, mit den gehackten Kürbiskernen bestreuen und die Glasur trocknen lassen.

TASSENMASS:

Unser Backrezept mit dem Tassenmaß ist schnell und die Mengen sind unkompliziert abzumessen – wir gehen dabei von 250 ml Fassungsvermögen je Tasse aus.

Heiß, weiß, würzig:

Zum Kürbiskuchen passt eine heiße weiße Mandelschokolade: Für 2 Tassen 50 g weiße Reismilchschokolade fein hacken. 300 ml Mandeldrink und 100 ml Haselnussdrink in einen Topf geben. Die gehackte Schokolade, 1 Teelöffel Lebkuchengewürz, 1 Teelöffel gemahlene Vanille, gemahlenen Kardamom nach Geschmack und eventuell 2 Esslöffel Orangenlikör dazugeben und bis knapp unter den Siedepunkt erhitzen. In Tassen füllen, mit Zimt oder Lebkuchengewürz bestreuen und heiß genießen.

Süße Mandelzöpfe

ZUBEREITUNGSZEIT:
ca. 50 Minuten
+ Gehzeit

FÜR 5 KLEINE ZÖPFE:

200 g Rosinen
200 ml Rum
400 g Dinkelmehl Type 630
und Mehl für die Arbeitsfläche
100 g gemahlene Mandeln
1 Pck. Trockenhefe
50 g Zucker
150 ml Mandelmilch, zimmerwarm
150 g Puderzucker
3 EL Zitronensaft
1 Handvoll Mandelblättchen

1. Die Rosinen mit Rum übergießen und mindestens 30 Minuten quellen lassen.
2. Inzwischen das Mehl mit Mandeln, Hefe, Zucker und Milch zu einem glatten Teig verrühren. Diesen an einem warmen Ort etwa 20 Minuten zugedeckt gehen lassen.
3. Anschließend die Rumrosinen unterkneten, nochmals 30 Minuten gehen lassen. Den Teig dann kurz durchkneten und in fünf gleich große Stücke teilen.
4. Den Backofen auf 180 °C vorheizen.
5. Auf einer bemehlten Arbeitsfläche aus jeweils einem Teigstück drei Rollen formen, einen Zopf flechten und die Enden unter dem Zopf verstecken.
6. Die Zöpfe auf ein mit Backpapier belegtes Backblech geben und etwa 30 Minuten im vorgeheizten Ofen backen.
7. Die Zöpfe auf einem Kuchengitter abkühlen lassen. Aus Puderzucker und Zitronensaft eine Glasur rühren, die Zöpfe damit bestreichen und mit Mandelblättchen garnieren. Die Glasur trocknen lassen.

Maronibrownies

ZUBEREITUNGSZEIT:
ca. 40 Minuten

FÜR 8 BROWNIES:

250 g Dinkelmehl Type 630
100 g Zucker
2 EL Johannisbrotkernmehl
100 g Kakaopulver
1 Prise Zimt
150 g geriebene Walnüsse
1 Pck. Weinsteinbackpulver
350 ml Haselnussdrink
125 ml Sonnenblumenöl
6 EL Maronicreme
gehackte Walnüsse zum Verzieren

1. Den Backofen auf 180 °C vorheizen.
2. Das Mehl mit Zucker, Johannisbrotkernmehl, Kakaopulver, Zimt, geriebenen Walnüssen und Backpulver mischen.
3. Anschließend den Haselnussdrink und das Öl hinzugeben und alles zu einem glatten Teig verrühren.
4. Den Teig in eine mit Backpapier ausgelegte eckige Auflaufform füllen und etwa 25 Minuten im vorgeheizten Ofen backen.
5. Die Brownies in der Form abkühlen lassen, mit der Maronicreme bestreichen und mit den gehackten Walnüssen verzieren. Anschließend in Stücke schneiden.

Apfel-Nuss-Küchlein

ZUBEREITUNGSZEIT:
ca. 45 Minuten
+ 30 Minuten Ruhezeit

FÜR 8 KÜCHLEIN:

125 g vegane Butter
120 g Zucker
350 g Dinkelmehl Type 630
und Mehl für die Arbeitsfläche
1 EL Weinsteinbackpulver
150 ml Haferdrink und Haferdrink
zum Bestreichen
400 g Äpfel
50 g gemahlene Haselnüsse
50 g Rosinen
Zimt nach Geschmack
5 EL Zucker
Puderzucker

1. Die Butter mit dem Zucker schaumig rühren.
2. Anschließend das Mehl mit dem Backpulver mischen, abwechselnd mit dem Haferdrink unterrühren und gut zu einem Teig verkneten.
3. Den Teig in Frischhaltefolie verpacken und etwa 30 Minuten in den Kühlschrank legen.
4. Die Äpfel schälen, entkernen, vierteln und in Würfel schneiden.
5. Die Haselnüsse, die Rosinen mit den Äpfeln und dem Zimt mischen.
6. Den Backofen auf 180 °C vorheizen.
7. Den Teig auf einer bemehlten Arbeitsfläche ausrollen, Kreise in passender Größe ausstechen, mit denen kleine Muffinformen ausgelegt werden können. Den Rand schön hochziehen und mit der Apfelmasse füllen.
8. Aus dem restlichen Teig Streifen schneiden und diese rautenförmig auf die Küchlein legen.
9. Abschließend mit etwas Haferdrink bestreichen und die Küchlein etwa 25 Minuten im goldgelb backen. Die Küchlein erst in den Formen, dann auf einem Kuchengitter vollständig abkühlen lassen.

Dazu einen wärmend-fruchtigen Punsch genießen:

Für 1 l Apfel-Tee-Punsch 1 Bio-Orange in Scheiben schneiden. 700 ml Wasser in einem Topf zum Kochen bringen, vom Herd nehmen. 300 ml naturtrüben Apfelmost oder -saft mit 2 Beuteln Fencheltee, 1 Zimtstange, je 25 g getrockneten Cranberrys und Rosinen sowie die Orangenscheiben dazugeben und 30 Minuten ziehen lassen. Dann bis knapp unter den Siedepunkt erhitzen, die Teebeutel, die Zimtstange und die Orangenscheiben entfernen. Cranberrys und Rosinen auf Tassen verteilen und mit dem Teepunsch übergießen. Heiß servieren.

Verpackt, versteckt, verschenkt!

Cranberrykekse

ZUBEREITUNGSZEIT:
ca. 30 Minuten

FÜR CA. 40 KEKSE:

100 g getrocknete Cranberrys
250 g Dinkelmehl Type 630
80 g Birkenzucker
⅓ TL Natron
1 gestr. TL Zimt
1 Prise Salz
50 ml Öl
4 EL Rübensirup
¼ TL Zitronenöl

1. Den Backofen auf 180 °C vorheizen.
2. Die Cranberrys fein hacken.
3. Das Mehl mit den gehackten Cranberrys, Birkenzucker, Natron, Zimt und der Prise Salz in einer Schüssel gut mischen.
4. In einer zweiten Schüssel das Öl, den Sirup und das Zitronenöl vermengen und zu den trockenen Zutaten geben.
5. Alles zu einer krümeligen Masse verrühren. Die Konsistenz sollte danach Sand ähneln.
6. Nun etwa 3 Esslöffel Wasser hinzugeben und alles zu einem homogenen Teig verarbeiten. Sollte die Masse zu trocken sein, und sich nicht formen lassen, vorsichtig 1 zusätzlichen Esslöffel Wasser hinzugeben.
7. Die Teigmasse auf einer Silikonmatte oder zwischen zwei Lagen Frischhaltefolie ausrollen und Kreise von etwa 6 cm Ø ausstechen.
8. Auf ein mit Backpapier ausgelegtes Blech legen und 10–15 Minuten im vorgeheizten Ofen backen. Die Kekse auf einem Kuchengitter abkühlen lassen.

AUFBEWAHREN:

Die Kekse können in gut verschlossenen Blechdosen etwa 3 Wochen aufbewahrt werden.

Zwiebelchutney

ZUBEREITUNGSZEIT:
ca. 45 Minuten

FÜR 2 KLEINE GLÄSER À CA. 150 G:

5 mittelgroße Zwiebeln
Öl zum Braten
5 EL Zucker
200 ml Rotweinessig
1 Zweig frischer Rosmarin
3 Lorbeerblätter

1. Die Zwiebeln schälen und fein würfeln.
2. Anschließend in einem kleinen Topf in etwas Öl andünsten und mit dem Zucker karamellisieren. Danach mit dem Essig ablöschen.
3. Den Rosmarin fein hacken und zusammen mit den Lorbeerblättern hinzugeben und die Flüssigkeit etwa 30 Minuten einkochen lassen.
4. Die Lorbeerblätter entfernen, das Chutney in heiß ausgespülte Schraubgläser füllen und diese auf den Deckel stellen. Nach dem Abkühlen die Gläser wieder umdrehen. Im Kühlschrank aufbewahren, dort ist der Aufstrich etwa 1 Woche haltbar.

Das Chutney schmeckt sowohl auf Brot als auch als Beilage zu Kartoffel- oder Nudelgerichten

Walnuss-Zwiebel-Aufstrich

ZUBEREITUNGSZEIT:
ca. 10 Minuten

FÜR 2 KLEINE GLÄSER À CA. 150 G:

1 kleine Zwiebel
100 g Walnusskerne
5 EL Walnussöl
Salz
Pfeffer aus der Mühle

1. Die Zwiebel schälen und fein hacken.
2. Anschließend zusammen mit den Walnusskernen und dem Walnussöl im Mixer sehr fein pürieren.
3. Mit Salz und Pfeffer abschmecken und in ein heiß ausgespültes Schraubglas füllen. Der Aufstrich ist im Kühlschrank etwa 1 Woche haltbar.

Lebkuchengewürz

ZUBEREITUNGSZEIT:
ca. 10 Minuten

FÜR 50 G:

30 g Zimt
8 g gemahlene Nelken
2 g gemahlener Koriander
2 g gemahlener Kardamom
2 g gemahlener Piment
2 g gemahlener Ingwer
1 g weißer, gemahlener Pfeffer
1 g gemahlener Anis
1 g gemahlene Muskatnuss
abgeriebene Schale von
½ Bio-Orange

① Alle Zutaten gut miteinander mischen und in ein Schraubglas füllen.

Spekulatiusgewürz

ZUBEREITUNGSZEIT:
ca. 10 Minuten

FÜR 70 G:

30 g Zimt
13 g gemahlene Nelken
10 g gemahlener Ingwer
8 g gemahlener Kardamom
7 g gemahlener Pfeffer
abgeriebene Schale von
1 Bio-Orange
abgeriebene Schale von
½ Bio-Zitrone

① Alle Zutaten gut miteinander mischen und in ein Schraubglas füllen.

Unsere Tipps für selbst gemachte Gewürzmischungen:

Orangen- und Zitronenabrieb müssen vor dem Mischen mit den Gewürzen trocknen.
Am besten ganze Gewürzsamen kaufen und im Mörser mahlen.
Das Lebkuchengewürz und das Spekulatiusgewürz halten sich in einem gut verschlossenen Behälter zwar mindestens ein Jahr, da aber gemahlene Gewürze rasch an Aroma verlieren, empfiehlt es sich, die Mischungen bald zu verbrauchen.

Grissini

ZUBEREITUNGSZEIT:
ca. 50 Minuten
+ 45 Minuten Gehzeit

FÜR CA. 40 STÜCK:

1 Würfel Hefe
500 g Dinkelmehl Type 630
2 TL Salz
40 g Zucker
8 EL Rapsöl
6 EL Raps- oder Sonnenblumenöl und Öl zum Bestreichen
Salz zum Bestreuen

1. Die Hefe in 250 ml lauwarmem Wasser auflösen.
2. Zusammen mit Mehl, Salz, Zucker und Öl zu einem geschmeidigen Teig verarbeiten. Den Teig mit Wasser besprühen und etwa 30 Minuten zugedeckt an einem warmen Ort gehen lassen.
3. Den Teig in 40 gleich große Portionen teilen und zu dünnen Grissini-Stangen ausrollen.
4. Die Stangen nebeneinander auf zwei mit Backpapier ausgelegte Backbleche legen und erneut 15 Minuten gehen lassen.
5. Den Backofen auf 150 °C vorheizen.
6. Die Teigstangen mit Öl bestreichen und mit Salz bestreuen.
7. Im vorgeheizten Backofen 15–20 Minuten backen, bis die Stangen goldbraun sind. Vollständig abkühlen lassen. Die Grissini können in luftdicht verschlossenen Behältern 3 bis 4 Wochen aufbewahrt werden.

Variationen:

Für Fenchel-Kümmel-Grissini:
2 Teelöffel Fenchel- und 1 Teelöffel Kümmelsamen im Mörser fein zerstoßen und bei Schritt 2 zum Teig hinzufügen.

Oder probieren Sie doch mal Grissini mit Kakao und Curry:
6 Esslöffel Raps- oder Sonnenblumenöl mit 2 Teelöffeln Kakaopulver und 2 Teelöffeln Currypulver mischen und die Stangen vor dem Backen damit bestreichen. Nach dem Backen mit wenig Salz bestreuen.

Für süße Grissini:
200 g weiße Reismilchschokolade im Wasserbad schmelzen. Die Teigstangen nach dem Abkühlen mit der Schokolade bestreichen und mit Zuckerperlen verzieren.

TIPP:

Wenn Birkenzucker anstatt normalem Zucker verwendet wird, benötigt man zusätzlich 1 Teelöffel Apfelsüße oder eine andere Alternative, damit die Hefebakterien einen Nährboden finden.

Apfelschmalz mit Kräutern

ZUBEREITUNGSZEIT:
ca. 30 Minuten

FÜR 2 TÖPFCHEN À CA. 200 G:

1 mittelgroße Zwiebel
2 Knoblauchzehen
1 EL Kräuter, z. B. frischer Thymian
(oder 1 TL getrocknete Kräuter)
1 Apfel
50 g Sonnenblumenöl
200 g Kokosfett
½ TL Salz
2 Prisen Pfeffer aus der Mühle

1. Die Zwiebel und die Knoblauchzehen schälen und fein würfeln.
2. Frische Kräuter waschen, trockentupfen und fein hacken.
3. Den Apfel schälen und fein würfeln.
4. Das Sonnenblumenöl und 50 g Kokosfett in einen Topf geben und langsam erhitzen, bis das Kokosfett geschmolzen ist.
5. Den Knoblauch und die Zwiebel darin glasig anschwitzen. Die Apfelwürfel und die Kräuter nach und nach dazugeben und etwa 5 Minuten mitgaren.
6. Das restliche Kokosfett dazugeben und schmelzen lassen. Mit Salz und Pfeffer abschmecken.
7. Den Topf von der Kochstelle ziehen und das Schmalz kurz abkühlen lassen.
8. Das Apfel-Kräuter-Schmalz in heiß ausgespülte, verschließbare Gläser füllen. Im Kühlschrank aufbewahren (4 bis 6 Wochen haltbar) und vor Gebrauch auf Zimmertemperatur erwärmen.

Geschenktipp:

Verschenken Sie doch einfach ein Schmalz-Trio! Mit dem Apfelschmalz, dem Birnen-Zwiebel-Schmalz (Seite 151) und dem eher süßen Aprikosen-Pflaumen-Schmalz (Seite 150) ist sicher für jeden Geschmack etwas dabei.

Cranberryaufstrich

ZUBEREITUNGSZEIT:
ca. 20 Minuten

FÜR 1 KLEINES GLÄSCHEN À CA. 150 G:

100 g frische Cranberrys
70 g Zuckerrüben- oder Ahornsirup
½ TL gemahlene Vanille

Kühl konserviert:

Da Cranberrys die konservierende Benzoe- und Salizylsäure enthalten, kann auf weitere haltbar machende Stoffe verzichtet werden. Den Fruchtaufstrich kühl und dunkel aufbewahren, nach dem Anbrechen in den Kühlschrank stellen.

1. Die Cranberrys waschen und verlesen.
2. Die Beeren zusammen mit dem Sirup und 50 ml Wasser unter Rühren aufkochen, dann die Flüssigkeit einkochen lassen. Dabei platzen die Beeren auf, hier ist Vorsicht angeraten!
3. Wenn der größte Teil der Beeren aufgeplatzt ist, das Vanillepulver hinzufügen und weiter einkochen lassen, bis eine sämige Masse entstanden ist.
4. Die Masse noch heiß in ein heiß ausgespültes Schraubglas füllen und dieses auf den Deckel stellen. Nach dem Abkühlen wieder umdrehen. Schmeckt wunderbar zum Winterbrot (Seite 84)!

Rote-Bete-Meerrettich-Aufstrich

ZUBEREITUNGSZEIT:
ca. 15 Minuten

FÜR 2 GLÄSER À CA. 250 G:

500 g geschälte, gekochte Rote Beten
50 g Walnusskerne
50 g Sonnenblumenkerne
1 EL Meerrettich, frisch gerieben
Salz
Pfeffer aus der Mühle

1. Die Roten Beten grob würfeln.
2. Die Walnusskerne hacken und zusammen mit der Roten Bete und den Sonnenblumenkernen im Mixer pürieren.
3. Den geriebenen Meerrettich hinzugeben, alles mit Salz und Pfeffer abschmecken und in heiß ausgespülte Schraubgläser füllen.
4. Den Aufstrich gekühlt servieren. Im Kühlschrank aufbewahrt ist er etwa 1 Woche haltbar.

Birnen-Zwiebel-Schmalz

ZUBEREITUNGSZEIT:
ca. 30 Minuten

FÜR 2 TÖPFCHEN À CA. 200 G:

2 große Zwiebeln
4 reife Birnen
200 g Kokosfett
50 ml Sonnenblumenöl
1 Würfel Gemüsebrühe
Salz
1 EL getr. Majoran

1. Die Zwiebeln und die Birnen schälen und fein würfeln.
2. 1 Esslöffel Kokosfett in einem kleinen Topf erhitzen. Zwiebel- und Birnenwürfel im Öl knusprig anbraten.
3. Das restliche Kokosfett sowie das Öl hinzugeben, den Brühwürfel darin zergehen lassen, das Schmalz mit Salz und Majoran abschmecken.
4. Den Topf von der Kochstelle ziehen und das Schmalz leicht abkühlen lassen.
5. Das Schmalz in heiß ausgespülte, verschließbare Gläser füllen. Im Kühlschrank aufbewahren (4 bis 6 Wochen haltbar) und vor Gebrauch auf Zimmertemperatur erwärmen.

Schmalz mit Aprikosen und Pflaumen

ZUBEREITUNGSZEIT:
ca. 20 Minuten

FÜR 2 TÖPFCHEN À CA. 200 G:

50 g getrocknete Aprikosen
50 g getrocknete Pflaumen
50 g Sonnenblumenöl
200 g Kokosfett
30 g Mandelstifte
1 TL Salz
1 TL gemahlener Kardamom
ca. ½–1 TL Ingwer, frisch gerieben

1. Die Aprikosen und die Pflaumen fein würfeln.
2. Das Sonnenblumenöl und das Kokosfett in einen Topf geben und langsam erhitzen, bis das Kokosfett geschmolzen ist.
3. Die gewürfelten Aprikosen und Pflaumen, Mandelstifte, Salz, Kardamom und Ingwer nach und nach dazugeben und etwa 5 Minuten mitgaren.
4. Den Topf von der Kochstelle ziehen und das Schmalz leicht abkühlen lassen.
5. Das Schmalz in heiß ausgespülte, verschließbare Gläser füllen. Im Kühlschrank aufbewahren (4 bis 6 Wochen haltbar) und vor Gebrauch auf Zimmertemperatur erwärmen.

Hagebuttenketchup

ZUBEREITUNGSZEIT:

ca. 20 Minuten

FÜR 1 GLASFLASCHE À CA. 200 ML:

1 große Zwiebel
Öl zum Braten
300 g Hagebuttenmarmelade
50 ml Apfelessig
¼ TL gemahlener Kardamom
½ TL Salz
2 EL Zucker
Pfeffer aus der Mühle

1. Die Zwiebel schälen und fein hacken hacken. Etwas Öl in einem kleinen Topf erhitzen und die Zwiebel darin glasig anschwitzen.
2. Die Hagebuttenmarmelade, Apfelessig, Kardamom, Salz und Zucker dazugeben. Gut umrühren und aufkochen lassen.
3. Das Ganze 5 Minuten unter Rühren kochen lassen.
4. Das Ketchup noch heiß in eine heiß ausgespülte, verschließbare Glasflasche füllen. Im Kühlschrank ist es 4 bis 6 Wochen haltbar.

FARBTUPFER:

Probieren Sie das Hagebuttenketchup einmal zu den Schupfnudeln (Seite 58)!

Rezepte schnell finden ...

Apfel 11, 29
Apfel-Hirse-Auflauf 102
Kürbiscreme mit Apfel 116
Apfelbrot 120
Apfel-Nuss-Küchlein 134
Apfelschmalz mit Kräutern 147

Birne 13, 29
Birnen-Gewürz-Strudel 122
Birnen-Schokoladen-Muffins 100
Birnen-Zwiebel-Schmalz 151
Hefestuten mit Birnenkompott 112
Süßer Feldsalat mit Meerrettichdressing 49
Wintermüsli mit Birnen-Pflaumen-Mus 104

Cranberrys 13
Apfelbrot 120
Cranberryaufstrich 149
Cranberrygelee mit Vanillecreme 108
Cranberrykekse 139
Cranberrymuffins 116
Stockbrot, süßes 94
Wintermüsli mit Birnen-Pflaumen-Mus 104

Dattel
Dattel-Haselnuss-Cake-Pops 126

Esskastanien 29
Maronitartelettes 114
Maronibrownies 132
Maronenschnittten 126
Rosenkohl mit Maroni 72

Feldsalat 27
Feldsalat, süßer, mit Meerrettichdressing 49
Pilzsalat, warmer 39
Wintersalat mit Sprossen &
warmem Kartoffeldressing 43

Fenchel
Fenchel-Kümmel-Grissini 145
Fenchel-Sauerkraut-Taschen 60
Fenchelweckerl, pikante 80

Grünkohl 23
Grünkohlsuppe 45

Hagebutten 15
Hagebuttenketchup 153
Lebkuchen 106
Walnusskuchen 124

Kartoffel 17
Grünkohlsuppe 45
Kartoffelknödel 84
Kartoffel-Pastinaken-Fladen 56
Kürbisburger 70
Ofengemüse, buntes 62
Sauerkrautstrudel 86
Schupfnudeln 58
Selleriepuffer 66
Sellerieschnitzel mit Petersilienkartoffeln 92
Wintersalat mit Sprossen &
warmem Kartoffeldressing 43
Wirsing auf Kartoffelschaum mit
Rote-Bete-Würfeln 78

Kraut 23
gefülltes Kraut 68
Krautschnecken 74

Kürbis 17
Kürbisburger 70
Kürbiscappuccino mit Curry und Haferschaum 41
Kürbiscreme mit Apfel 116
Kürbiskuchen, saftiger 128
Linsen-Kürbis-Eintopf 51
Ofengemüse, buntes 62

Lauch 27
Zwiebel-Lauch-Muffins 88

Linsen 27
Linsen-Kürbis-Eintopf 51

Maronen 29
Maronitartelettes 114
Maronibrownies 132
Maronenschnittten 126
Rosenkohl mit Maroni 72

Möhre 19
Vanillemöhren 82

Nüsse 24
Apfelbrot 120
Apfel-Hirse-Auflauf 102
Apfel-Nuss-Küchlein 134
Birnen-Gewürz-Strudel 122
Dattel-Haselnuss-Cake-Pops 126
Flammkuchen mit Rotkohl und Walnüssen 76
Lebkuchen 106
Maronenschnitten 126
Maronibrownies 132
Maronitartelettes 114
Orangen-Rotkohl-Salat 53
Pilzsalat, warmer 39
Rosenkohl mit Maroni 72
Rote-Bete-Meerrettich-Aufstrich 149
Walnusskuchen 124
Walnuss-Zwiebel-Aufstrich 141
Wintermüsli mit Birnen-Pflaumen-Mus 104

Pastinake 19
Kartoffel-Pastinaken-Fladen 56
Pastinakenreis, süßer 82

Pilze
Pilzsalat, warmer 39

Rosenkohl 23
Rosenkohl mit Maroni 72

Rote Bete 19
Rote-Bete-Chips 70
Rote-Bete-Eintopf 47
Rote-Bete-Meerrettich-Aufstrich 149
Wirsing auf Kartoffelschaum mit
Rote-Bete-Würfeln 78

Rotkohl 23
Flammkuchen mit Rotkohl und Walnüssen 76
Orangen-Rotkohl-Salat 53
Rotkohlsalat, süßer 43

Sauerkraut 23
Fenchel-Sauerkraut-Taschen 60
Sauerkrautstrudel 86

Schwarzwurzel 21
Schwarzwurzeln, ausgebackene 90

Sellerie
Selleriepuffer 66
Sellerieschnitzel mit Petersilienkartoffeln 92

Sprossen 27
Wintersalat mit Sprossen &
warmem Kartoffeldressing 43

Trockenobst 29
Apfelbrot 120
Dattel-Haselnuss-Cake-Pops 126
Schmalz mit Aprikosen und Pflaumen 151
Wintermüsli mit Birnen-Pflaumen-Mus 104

Walnuss 24
Orangen-Rotkohl-Salat 53
Pilzsalat, warmer 39
Rosenkohl mit Maroni 72
Rote-Bete-Meerrettich-Aufstrich 149
Walnusskuchen 124
Walnuss-Zwiebel-Aufstrich 140

Weißkohl 23
Kraut, gefülltes 68
Krautschnecken 74
Paprikakraut 92

Wirsing 23
Pastinakenreis, süßer 82
Wirsing auf Kartoffelschaum mit
Rote-Bete-Würfeln 78
Wirsingknödel 66
Wirsingnudeln 96

Zwiebeln 21, 27
Birnen-Zwiebel-Schmalz 151
Walnuss-Zwiebel-Aufstrich 141
Zwiebelblumen mit Mandelpanade 64
Zwiebelchutney 141
Zwiebel-Lauch-Muffins 88
Zwiebel-Stockbrot 94

Rund ums Kochen:
Infos zu Rezepten, Lebensmitteln und zum Einkauf

Abkürzungen

EL	Esslöffel
TL	Teelöffel
KG	Kilogramm
G	Gramm
L	Liter
CL	Zentiliter
ML	Milliliter
MSP.	Messerspitze
GEH.	gehäuft
GESTR.	gestrichen

Portionsangaben
Die Rezepte sind meist für 2 oder 4 Portionen berechnet. Die Mengen können größtenteils problemlos verdoppelt oder halbiert werden.

Backtemperaturen
Die Backtemperaturen beziehen sich auf einen Elektroherd mit Ober- und Unterhitze.

Vegane Produkte
Der Zusatz „vegan/pflanzlich" kommt nur in den Zutatenlisten vor und wird zugunsten der besseren Lesbarkeit in der Zubereitungsanleitung nicht nochmals erwähnt.

Infos zu den Lebensmitteln
- Wir persönlich empfehlen, bei der Auswahl der Lebensmittel sowohl auf die biologische Erzeugung als auch – wenn möglich – auf regionale Anbaugebiete zu achten.
- Pflanzliche Milchalternativen sind beispielsweise auf Reis-, Kokos-, Mandel-, Haselnuss-, Dinkel-, Quinoa-, Hanf- oder Hirse-Basis erhältlich. Sie unterscheiden sich in ihrem Geschmack und können je nach Vorliebe in den Rezepten gegeneinander ausgetauscht werden. Bitte berücksichtigen Sie, dass sowohl Mandel- als auch Haselnussdrinks über eine spezielle Eigensüße sowie einen besonders nussigen Geschmack verfügen.
- Pflanzliche Sahne wird auf Reis- und Kokosbasis angeboten und lässt sich wunderbar aufschlagen.
- Vegane Butter unterscheidet sich in Konsistenz, Form und Geschmack kaum von Kuhmilchbutter und besteht, wie auch veganer Käse, zum Großteil aus verschiedenen pflanzlichen Ölen.

WORAUF SIE BEIM EINKAUF ACHTEN SOLLTEN
Fallstricke beim veganen Einkauf

Tierisches findet sich in vielen Lebensmitteln. Hier eine kleine Auflistung, welche Zutaten in den Produkten enthalten sein können.
- Zartbitterschokolade: Butterreinfett, Molkepulver, Milchpulver, Sojalecithin
- Essbare Streudeko: Viele Zuckerperlen sind mit nicht-veganen Zusatzstoffen gefärbt (im Zweifelsfall sich über die enthaltenen Stoffe mithilfe der E-Nummern informieren)
- Nougat: Milchpulver, Molkepulver
- Konfitüre: Gelatine
- Gelierzucker: Gelatine
- Blätterteig: Milch, Süßmolkepulver
- Marzipan: Honig
- Weißwein: Wird oft mit Gelatine oder Fischblasen geklärt

Biologische Produkte

Wir persönlich empfehlen, wenn möglich, auf biologisch erzeugte Produkte zurückzugreifen. Bei Zitrusfrüchten weisen wir in den Rezepten explizit auf Bio-Qualität hin, wenn die Schale zum Verzehr verwendet wird.

Süße Birkenrinde

Xylith, auch Birkenzucker genannt, wird aus den nährstoffreichen Fasern der Birkenrinde gewonnen und kommt beispielsweise auch in verschiedenen Obst- und Gemüsesorten vor. Birkenzucker eignet sich sehr gut zum Backen und Süßen von Desserts. Er kann 1:1 anstelle von herkömmlichem Zucker verwendet werden.
Xylith wird, anders als konventioneller Zucker, nicht von Kariesbakterien verwertet, regt den Speichelfluss an und fördert aktiv die Kalziumeinlagerung in den Zähnen. Zudem liegt sein glykämischer Index unter 10. Somit wird der Blutzuckerspiegel durch den Konsum kaum beeinflusst – eine echte Alternative.

Zucker

Rübenzucker ist nicht zwangsläufig vegan, da beim Raffinationsprozess oftmals ein Filter aus Tierknochen zum Einsatz kommt. Auch auf braunen Zucker kann dies zutreffen, da es sich hier oft um weißen, raffinierten Zucker handelt, welcher lediglich eingefärbt wurde. In Deutschland und Österreich wird zum Bleichen zwar meist Eisen und Kohlenstoff, Kieselgur oder Aktivkohle verwendet, es empfiehlt sich dennoch, auf unraffinierte Alternativen (Rohrohrzucker, Zuckerrübensirup, Apfelsüße, Dicksäfte, Löwenzahnhonig usw.) zurückzugreifen.

Mehl

Wir verwenden in unseren Rezepten bevorzugt Dinkelmehl Type 630, da es sich aufgrund der guten Backeigenschaften besonders eignet. Für knuspriges Gebäck greifen wir auf Dinkelvollkornmehl zurück, welches keine Typenzahl hat. Außerdem benutzen wir Kokos- und Kastanienmehl – beide Sorten sind zudem glutenfrei.

Alkohol

In unserer Bezugsquellenliste finden Sie Hinweise auf die in den Rezepten verwendeten Alkoholika. Sie enthalten laut Herstellerauskunft weder tierische Produkte noch wurden bei ihrer Erzeugung solche eingesetzt.
Wenn Sie auf Alkohol gänzlich verzichten möchten, empfiehlt es sich, die verwendete Menge Alkohol durch eine andere, im Rezept verwendete Flüssigkeit zu ersetzen.

Bezugsquellen

Die von uns empfohlenen Produkte wurden gewissenhaft getestet und waren zum Zeitpunkt der Recherche sowohl vegan also auch soja- und weizenfrei. Eventuelle Rezepturänderungen sind vorbehalten.

AMARETTO: www.luxardo.it
AROMEN/LEBENSMITTELÖLE: www.leckers.de
BRENNNESSELBLÄTTER UND -SAMEN: selber sammeln, im regionalen Kräuterladen oder in der Apotheke oder im Reformhaus erhältlich
DINKELBLÄTTERTEIG: www.janatuerlich.at
DINKELDRINK: www.natumi.de
DINKELSEITAN: www.bertyn.eu
HAFERSAHNE: www.natumi.de
KASTANIENMEHL: www.bauckhof.de
KOKOSFETT: Reformhaus, z. B. der Marke EDEN
ORANGENLIKÖR: www.cointreau.com
REIS-/KOKOSSAHNE: www.soyatoo.de
SCHOKOLADE: www.naturata.de
VEGANE BUTTER: www.alsan.de
WASSERBAD-PUDDINGFORM, KRAUTTOPF: z. B. von Dr. Oetker
WEIN: www.biowein-erlesen.de
WEISSE REISMILCHSCHOKOLADE: www.bioart.at
XYLITH/BIRKENZUCKER: Reformhaus
ZUCKERDEKO: www.biovegan.de

Über die Autorinnen

Daniela Friedl

Daniela Friedl lebt mit ihrem Mann und ihren „Fellkindern" auf einem 250 Jahre alten, stillgelegten Bauernhof im Salzburger Seengebiet. Aus Liebe zu den Tieren ernährt sie sich bereits seit ihrer Kindheit vegetarisch und entschied sich 2009 aus ethischen Gründen für den Veganismus. Die akademische Sportjournalistin arbeitet hauptberuflich als Autorin und Fotografin. Zudem bietet sie als ausgebildete Yogalehrerin ganzheitliches, pferdegestütztes Entspannungstraining an: WWW.ENTSPANNT-REITEN.AT

Vegane Kochkurse zu den Themen Hausmannskost, soja- und glutenfrei sowie regionale Jahreszeitenküche können gerne individuell bei ihr gebucht werden – österreichweit sowie im benachbarten Bayern. Anfragen senden Sie bitte direkt an: OFFICE@VEGANE-HAUSMANSKOST.COM

Weitere Publikationen:

Mitleid unangebracht. Vegan leben in Österreich, *Tredition 2011*
Schnelle vegane Küche. Sojafrei & einfach, *Freya Verlag 2014*
Selbstreflexion & Entspannung mit Pferden, *BoD 2016*
Vegane Hausmannskost, *Freya Verlag 2013*
Vegane Glücksküche. Soja- und glutenfrei (mit Miriam Emme), *Freya Verlag 2014*
Vegane Versuchung. Soja- und glutenfrei (mit Miriam Emme), *Freya Verlag 2014*

Miriam Emme

Miriam Emme lebt mit ihrer Familie, dem Kater Fiddich und der Sheltie-Hündin Faye auf einem Aussiedlerhof am Fuße des Desenbergs in der Warburger Börde. Die Grafik-Designerin und Illustratorin erkrankte 2006 an unerklärlichen Muskelentzündungen und einer Unterfunktion der Schilddrüse. Es folgte die übliche Hormontherapie, die für sie jedoch vollkommen inakzeptabel war. Nach langer Suche nach Heilung stieß Miriam Emme im Internet auf die amerikanische Rohkostbewegung und wurde im Februar 2009 über Nacht zur Rohköstlerin. Nach drei Jahren intensiver Forschung über Entgiftungen und Wirkung von Lebensmitteln auf den Körper waren sämtliche Krankheiten besiegt. Der geliebte vegane Lebenswandel erhielt durch ihre Schwangerschaft 2012 einen kleinen Einbruch, doch jetzt lebt Miriam Emme wieder vegan und befindet sich auf dem Weg zurück in ihr rohköstliches Leben.

Die Autorin bloggt seit 2011 über ihren Lebenswandel, vegane und rohköstliche Ernährung, Wildkräuter und naturnahes Leben. Sie bietet neben den Dienstleistungen einer Werbeagentur und Fotografie auch Zubereitungskurse in den Bereichen Rohkost, vegane Ernährung und Wildkräuterküche an. Privat beschäftigt sie sich mit Naturspiritualität und ist immer auf der Suche nach der perfekten Brennnessel.

Weitere Publikationen:

Rohkost-Kalender 2012, *Eigenverlag 2011*
Vegane Glücksküche. Soja- und glutenfrei (mit Daniela Friedl), *Freya Verlag 2014*
Vegane Versuchung. Soja- und glutenfrei (mit Daniela Friedl), *Freya Verlag 2014*

Zum Weiterlesen

Literaturtipps

Lechner, Lisa/Teichmann, Anton:
Raw Soul Food.
Vegane Rohkost macht glücklich.
74 Rezepte von kinderleicht bis gourmetköstlich.
Verlag Eugen Ulmer, Stuttgart 2014

Lechner, Lisa/ Teichmann, Anton:
High Carb Vegan. Die gesunde Low Fat Küche.
Verlag Eugen Ulmer, Stuttgart 2016

Pfleger, Lisa:
Vegan, regional, saisonal.
Einfache Rezepte für jeden Tag.
Verlag Eugen Ulmer, Stuttgart 2014

Pfleger, Lisa:
Vegan Homemade. Meine Grundrezepte für Tofu, Seitan, Pflanzenmilch, Käse, Nudeln und Co.
Verlag Eugen Ulmer, Stuttgart 2015

Volm, Dr. Christine:
Meine liebsten Wildpflanzen – rohköstlich.
Sicher erkennen, vegan genießen.
Verlag Eugen Ulmer, Stuttgart 2013

Volm, Dr. Christine:
Rohköstliches. Gesund durchs Leben mit veganer Rohkost und Wildpflanzen.
Verlag Eugen Ulmer, Stuttgart 2014

Volm, Dr. Christine: wild & roh. Die besten Smoothies mit Wildpflanzen.
Verlag Eugen Ulmer, Stuttgart 2015

Linktipps

Website von Daniela Friedl:
www.vegane-hausmannskost.com

Website von Miriam Emme:
www.wurzelweber.com

Blog von Miriam Emme:
www.wurzelweber.blogspot.de

BILDNACHWEIS
Miriam Emme: Seite 2, 3, 5, 7 u.r., 10, 14, 18, 22, 26, 28, 30, 32, 33, 37 o.r., 40, 44, 50, 55 o.l., u.r., 57, 59, 61, 65, 69, 77, 79, 83, 95, 97, 98, 99 o., u.l., 101, 105, 107, 109, 111, 113, 121, 125, 136, 137, 138, 142, 144, 146, 148, 150, 152.
Alle anderen Fotos im Innenteil stammen von Daniela Friedl.
Umschlag: Das Titelbild stammt von Daniela Friedl. Die Fotos auf der Umschlag-Rückseite stammen von Daniela Friedl (rechts) und Miriam Emme (links und Mitte).

Die in diesem Buch enthaltenen Empfehlungen und Angaben sind von den Autorinnen mit größter Sorgfalt zusammengestellt und geprüft worden. Eine Garantie für die Richtigkeit der Angaben kann jedoch nicht gegeben werden. Autorinnen und Verlag übernehmen keinerlei Haftung für Schäden und Unfälle. Der Leser sollte bei der Anwendung der in diesem Buch enthaltenen Empfehlungen sein persönliches Urteilsvermögen einsetzen. Der Verlag Eugen Ulmer ist nicht verantwortlich für die Inhalte der im Buch genannten Websites.

© 2016 Eugen Ulmer KG
Wollgrasweg 41,
70599 Stuttgart (Hohenheim)
E-Mail: info@ulmer.de
Internet: www.ulmer.de

Lektorat: Kathrin Gutmann, Claudia Boss-Teichmann
Umschlagentwurf: Warnecke
Layoutkonzept und Umbruch:
Michaela Mayländer, Stuttgart, www.sistermic.de
Herstellung: Isabell Scherrieble
Reproduktion: timeRay, Herrenberg
Druck und Bindung: Firmengruppe APPL,
aprinta Druck, Wemding

Printed in Germany

ISBN 978-3-8001-0841-1

BIBLIOGRAFISCHE INFORMATION DER DEUTSCHEN NATIONALBIBLIOTHEK
Die Deutsche Nationalbibliothek verzeichnet diese Publikation in der Deutschen Nationalbibliografie; detaillierte bibliografische Daten sind im Internet über http://dnb.d-nb.de abrufbar.

Das Werk einschließlich aller seiner Teile ist urheberrechtlich geschützt. Jede Verwertung außerhalb der engen Grenzen des Urheberrechtsgesetzes ist ohne Zustimmung des Verlages unzulässig und strafbar. Das gilt insbesondere für Vervielfältigungen, Übersetzungen, Mikroverfilmungen und die Einspeicherung und Verarbeitung in Elektronischen Systemen.